名優が語る演技と人生

関 容子

文春新書

1388

名優が語る　演技と人生

目次

写真　文藝春秋写真部

第1幕

仲代達矢
岩下志麻

「もう一度、二人で恋愛を」

仲代達矢

×

岩下志麻

なかだい　たつや　１９３２年、東京都生まれ。俳優座を経て、映画『人間の條件』『用心棒』『切腹』『影武者』はじめ名監督の作品多数に出演しつつ、舞台俳優の両輪でキャリアを重ねる。またドラマ出演ほか、主宰する無名塾での後進育成にも長らく注力。15年、文化勲章受章。

いわした　しま　東京都生まれ。58年、ＮＨＫドラマ『バス通り裏』でデビュー後、小津安二郎監督の遺作映画『秋刀魚の味』ほか松竹の看板女優として活躍。夫・篠田正浩監督の『心中天網島』『はなれ瞽女おりん』や、『極道の妻たち』シリーズで人気を博す。12年、旭日小綬章受章。

仲代達矢さんは、そのユニークな二枚目ぶりで映画の出演依頼が殺到するようになっても、あくまで舞台俳優としての自分を保ちたかったので、一年の半分を演劇、半分を映像の仕事と決めて、たとえどんないい話が映画から来ても、その姿勢を崩さなかった。

また、岩下志麻さんは一度だけ二代目尾上松緑の相手役として『オセロー』のデズデモーナを演じたが、夫君の篠田正浩監督のひと言で舞台から遠ざかり、以後、徹底して映像の世界を活躍の場とした。

それぞれに確固たる信念をお持ちのお二人には、映像の世界でかなりの共演作品がある。

そのお二人が本音で映画を語ってくださったら、という期待に、見事に応えていただいたこの対談。

映画に情熱と時間をふんだんに注ぎ込んだ、ある時代の空気感が、そこに明確に現われてくるような気がした。

数多い共演と父娘役

関　お二人の共演映画作品が七本もあるというのは、これはかなりの数だと思われます。「お久しぶりぃ」と先ほどハグなさっていたところはさすがに絵になっていて、映画の一場面のようでしたけど、何年ぶりの再会ですか？

仲代　映画は『陽炎《かげろう》』[1]（九一年）という……。

岩下　そうですね、最後はね。

仲代　でも、そのあとで伊豆の温泉へ行ったら、御主人の篠田正浩[2]監督に出遭って、「志麻も来てますよ」って。あなたはもしかしたら入浴中だったかも。

岩下　ああ、そう、伊豆でしたね。

仲代　どっちにしても、十何年ぶりですよ。ちっとも変らないね。志麻さんは一番数が多くて長い共演者だと思います。私、映画は百六十何本か出ているんですけどね。その中で、自分でベストテンを作ってみたの。そしたら、志麻さんとの共演が三本も入ってた。『切腹』[3]（六二年）、『無頼漢』[4]（七〇年）、『鬼龍院花子の生涯』[5]（八二年）。

岩下　『無頼漢』も入ってるんですか？　わぁ、嬉しいわ。篠田の監督作品ですから、喜ぶと思います。

仲代　『切腹』のときは、あなたは十二、三歳の娘の役で、のちに結婚して子供を生むけれども、それでも十八、九の役ですよね。あの時、実年齢はいくつだったの？

岩下　二十一ぐらいでした。仲代さんは二十九歳と伺ってましたけど、すっごい大人に見えて、近寄りがたい感じがしました。お父さんの役だから余計ね。

仲代　そうだよね、僕がお父さんで、あなたが娘で、石濱朗《あきら》さんが娘婿なんだものね。

岩下　私の役は、結核でひ弱い、カマキリのように痩せた娘、という設定で、私はあのころすごく痩せてたから使っていただけたのかな、と思っています。

　『切腹』では、戦乱の世が終り、生活に窮した浪人たちが、切腹の場に武家の庭先を借り受けたいと申し出る。それで取り立てられた者もある、と聞いた娘婿が実行に及ぶが、差し料が竹光《たけみつ》であることを見とがめられ、その竹光での切腹を強いられる。

関　前に仲代さんに伺いましたが、石濱さんの無残な死骸が浪宅に運びこまれてきて、それに取りすがって泣く志麻さんの演技が、ありきたりではなくて、とても感心なさったとか。

仲代　ええ、あの映画は悪しき武士道というものをよく描いていますね。自分の夫がむごい死に方をして、自分のところに送られてくる。みんなが帰ったあと、じーっと彼女はしていて、それから求女《もとめ》という石濱さんの役の死骸にしがみついてワーッと体から絞り出すように泣く。それもすごかったんだけど、そのあと、赤ん坊のところへ戻って、ハーッと、大きなため息をついたんですよ。すべてが終ってしまった、というため息ですね。それで僕は小林正樹(6)監督に訊いたんです、「あれ、監督が指示したの？」って。そしたら「いや、自分で。岩下君がやったんだ」って。それで僕は感激してね。

岩下　有難うございます。もう貧乏で、病弱で、あんな悲惨な役はないですものね。あの時、小林監督が何と言って褒めてくださったか、よく憶えています。
私、左翼系の前進座の、河原崎長十郎(7)の姪に当たるわけですよ。それで監督がそばにやってきて、「やっぱり共産党だな」って（笑）。

仲代　ああ、そう（笑）。すげえ褒め方だな。

岩下　褒め言葉として受け取ったんですけど、多分、褒めたのよね（笑）。
あの時の仲代さんが娘一家の敵討ちに乗り込んで行く。最後の丹波哲郎さんとの殺陣《たて》、本身を使った、って本当ですか？

仲代　本当です。

岩下　えっ？　怖～い。

仲代　丹波さんも面白い人でね。本身だから、顔すれすれには行けないんですよ。そしたら「仲代君、俺も君も気が狂ってないんだから、絶対大丈夫。すれすれに来いや」なんてね（笑）。

岩下　私、あとで聞いてゾーッとしましたよ。だから緊迫感はものすごくありましたけどね。いやあ、怪我がなくてよかったですね。

夫・篠田監督も現場では

関　次の共演作品は篠田監督の『無頼漢』ですね。歌舞伎の『天衣紛上野初花《くもにまごううえののはつはな》』を題材にしていて、丹波哲郎の河内山宗俊、仲代さんがマザコンの直侍《なおざむらい》、片岡直次郎で、岩下さんが花魁《おいらん》の三千歳《みちとせ》。

仲代　まったくのマザコンね（笑）。残念ながら、篠田さんとはこれ一本だけだったんですが、非常に新しい感覚の作品でした。前衛的でね。

岩下　脚本が寺山修司[8]さんですよね。すごい新しい捉え方で、マザコンなんていうのもそう。新派の市川翠扇《すいせん》[9]さんが直侍のお母さん役でしたね。

仲代　翠扇さんは画面後ろ向きでお風呂に入ってて、僕が向うからやってくると突然立ち上がる。

岩下　すっぽんぽんでお風呂からガバッと立ち上がりましたよね（笑）。

仲代　おかげで僕だけ全裸を拝見して。

岩下　仲代さんは役者志望の役だったから、ちょっと白塗りで、仕草とか言葉遣いとか、時々女っぽくなさって。

仲代　オネエみたいになったりね。

岩下　すごく色っぽかった。あれは寺山修司とお母さんとの、切っても切れない愛憎の関係。それを翠扇さんと仲代さんの直次郎母子に重ねたということらしいですよね。

仲代　そう。それが母親を背負って捨てに行くんだからね。

岩下　寺山さんも時々お母さんで苦労なさったのかしら？　愛するがゆえに。

仲代　今日ね、僕はあなたに訊きたいことが一つあるんだ。旦那が監督で、あなたが女優で、同じ作品を作ると、うるさい？

岩下　いえ、うるさくない。

仲代　じゃあ、他の監督と同じ感じ？

岩下　まったく同じ。現場に行くと夫婦じゃなくて、監督と女優にすぐなっちゃうの。

仲代　ああ、本物の女優なんだ。

関　ただ、篠田監督の前で岩下さんとラブシーンをする他の男優さんは、すごくやりにくい、と伺ったことがあります。

岩下　それはそうみたいね。『心中《しんじゅう》天網島《てんのあみじま》』[10]（六九年）の時なんか、私たちは結婚して一年目ぐらいだったし、相手役の中村吉右衛門[11]さんはまだ独身の青年で、「うちは関係ないから大丈夫よ」といくら私が言っても、「いやあ……」なんて言ってたら、監督はひどくせっかちだから、「何グズグズしてるんだ！　ヨーイ」って気合いを入れられて、あわてて始めましたけどね。

あだっぽさを引き出す五社監督

仲代　私は幸運なことに、黒澤明をはじめとして、小林正樹、木下恵介という巨匠にも巡り会って使われたけど、篠田さんや岡本喜八、五社英雄[12]といった監督とは年齢的にも近かったから、のびのびと仕事ができましたね。

五社英雄監督には、仲代・岩下共演作品が四作品もある。『雲霧仁左衛門[13]』（七八年）、『鬼龍院花子の生涯』、『北の螢[14]』（八四年）、『陽炎』。

岩下　『雲霧』は仲代さんが盗賊のお頭で、すごくスケールの大きい存在感のある素敵なお頭。私はそのお頭に片思いする女賊でしたね。

関　それまで清純な娘役だったり、真面目な人妻役だった岩下さんが、五社監督によってのちの『極道の妻《おんな》たち[15]』（八六年）につながる伝法肌の役柄を引き出された、と言える作品ではなかったでしょうか。

岩下　そうですね。『極妻《ごくつま》』の第一作は五社監督なんですけど、「これまでにない粋とあだっぽさを、僕は岩下から引き出してやる」というのが、私に対する監督の口説き文句でしたからね。

仲代　五社さんはラブシーンの演出を実際に自分でやって見せるんですよ。

岩下　そうそう。男役のほうをやるのよね。

仲代　革ジャンパーを着てて、薄着の女優さん抱きしめて。女優さんは気の毒だなと思う。

岩下　「おっぱい握ってね」なんて言いながら、自分もちゃんと握るの（笑）。

仲代　先に握っちゃって、きたねぇな、って思ってこちらは見てる（笑）。それで五社さんに言われた通りにやると、志麻さんがまたちゃんと迫真的に反応してくれるから、監督がすぐに「カット！　ＯＫ」って駆け寄ってきて、「ちょっと、お前、何かやった？」って。

岩下　「ほんとに何もやってなかった？」って。衝立《ついた》てのところに私は顔だけ出てて、あとは声と手だけの芝居だったのに、まさかね。みんなが見てるのに。

仲代　「だって、志麻があれだけいい反応するんだから」って。あなたはラブシーン、うまいんですよ。

岩下　いやいや、そんなことありません。

関　『鬼龍院花子の生涯』は、お二人は夫婦役でしたね。この作品が最も共演シーンが多かったように思います。

土佐の俠客・鬼龍院政五郎を巡る女たちの物語。宮尾登美子原作。鬼政の養女・松恵（夏目雅子）の「なめたらいかんぜよ」の名台詞は一世を風靡した。

岩下　私の役は仲代さんの鬼政の女房、歌というんですけど、台本を見ると当初の台本ではそんなに出番が多くなかったのね。でも、やっぱり五社さんの演出で、お妾さんがいっぱい同居している家で、歌の鬼政に対する心情とかを、キャメラでずっと追ってくださったのね。

仲代　だからすごくよくわかったね。

岩下　演じているうちに、鬼政が本気で愛しているのは絶対に歌なんだ、と思うようになって。歌は腸チフスで死ぬんですけど、鬼政の背中一面にある刺青のどこか一部を、私の身体のどこかに入れたい、って五社さんに言って、それで、腿に龍と牡丹の花を入れさせてもらって。

仲代 あれ、きれいだったね。

岩下 そうですか。で、死ぬ時に、旦那様をいとおしむようにそこを撫でながら死んでいく、っていうふうにしたいな、と思って、私がお願いしたんです。

仲代 五社監督という人は、台本で読むと描き切れてないようなところがいっぱいあるものでも、それを絵にして見せる名人でしたね。もっと認められていい人だった。

岩下 そうでしたね。

仲代 歌が亡くなる時の回想シーンで、若い時の二人がギュッと抱き合って「惚れたぁ」と鬼政が言う。

岩下 あれも台本にはなかったですよね。

仲代 そうでしたかね。

岩下 お妾さんが鬼政に呼ばれて、二階に上がって行くのを、歌はじっと見上げてこらえているんですからね。だから胆石にもなるんです。私も胆石持ちなのであの痛み方はよくわかるんです（笑）。

仲代　あと、五社監督で二本。『北の螢』。

岩下　刑務所長の役で、すごく怖い人。

仲代　残忍なやつでね。でも結局志麻さんとそういう関係になるという話で。森進一さんが阿久悠さん作詞の主題歌を歌って。

岩下　最後に踊ってね。あの曲は当時ヒットしましたね。

仲代　五社さんとの最後は『陽炎』で、志麻さんも出てるんだけど、顔は合わせなかったな。

岩下　そう。私は一シーンだけだったので。あの時は五社さん、ちょっとお元気なかったですね。

仲代　ラブシーンの指導もなかったしね。

命がけだった撮影現場

関　もう一本、お二人の共演作があって、小林正樹監督の『食卓のない家』[16]（八五年）。円地文子原作の連合赤軍を題材にした作品でした。

仲代　あのあさま山荘事件以来、政府に抵抗する学生というのが全部おとなしくなっちゃった気がしますね。映画では、僕と小川真由美さんが夫婦の役で。

岩下　私は奥さんの姉の役でしたね。

小川さんの奥さん役は精神に異常をきたしていて、生きた本物の金魚を食べちゃうんですよね。鬼気迫る場面で、本当にすごいなと思いましたけど。

仲代　小林監督は「鬼の小林」と言われて、俳優にすごいことを要求する。当時、日本の映画にはスタントというものがありませんでしたから、危険なことも全部自分がやらなくてはならない。

『人間の條件』[17]（五九〜六一年）のときなんか、「申し訳ないけど、向うから来る戦車の下に潜り込んでくれよ」なんて、平気で言う。

岩下　命がけじゃないですか。

仲代　何が申し訳ない、だかね（笑）。最後に、主人公の梶が飢えと寒さの中をさまよいながら、雪に埋もれて死ぬんですが、「十日間で六キロ痩せろ」って言う。「協力するから」って。

岩下　どうやって協力を？

仲代　一週間寝ないで、ずっと監督とおいちょかぶ（笑）。酒はいいけど食ってはダメ、と言われて、でも五キロいきました。

岩下　それが協力（笑）。

仲代　殴られるのだって、僕は十人ぐらいに拳固で殴られて、みるみる顔がふくれ上がる。面白いことに、殴られながら誰が一番強く殴ってるか、ちゃんと見てるんですね（笑）。

岩下　私もぶたれるシーンがあると、怖くて、「本気でぶたないでね」って頼むんですけど、やっぱり痛かったりしますね。

仲代　加減すると余計痛いんだ。思い切り行ったほうがいい。ただ、耳だけは避けないと、鼓膜破るといけないから。

岩下　俳優の仕事って、過酷ですよね。

仲代　ええ、三日三晩ぶっ続けなんてことになると、過労死なんてしそうですよ。零下三十度の下北半島で、海の中で立ち回りがあったりして。

岩下　うわぁ。何という映画で？

仲代　『出所祝い』（七一年）という映画。高倉健さんふうに演じました（笑）。志麻さんも『雲霧』のとき、派手な立ち回りをしてましたよね。

岩下　ええ。私すごい近眼なので、初めての立ち回りでどうしようかと思ってましたら、

殺陣師の湯浅謙太郎さんが、「左から右、右から左、一回転して、正面に」って、振りを全部教えてくれたのね。「とにかくこの通りに動いてください。相手がそれに当てて動きますから」って。

この間テレビでまた『雲霧』をやってて、私が部屋で一人で観てたら、うちの旦那がちょっと入ってきて、「お前、殺陣うまいなぁ」って（笑）。

仲代　僕もチャンバラなんかやったことない時に、萬屋錦之介[18]さんからコツを教わりましたよ。「米」という字に切る、って。横、縦、斜め、斜め、次は逆切り、ってね。絡みの人があとはうまくやってくれるからって。志麻さん、その時ちゃんと絡みの人にチップ払った？

岩下　え？　あ、払わなかった（笑）。

仲代　だめだよ。払わなくちゃ（笑）。

三船敏郎さんとの大喧嘩

関　お二人ともすごい酒豪だと伺ったことがあります。岩下さんが監督と馴れ初めのころ、お酒の量がすごかった、と。

岩下　ええ、初デートの時は、京都の先斗町《ぽんとちょう》で、二人で二升飲みましたよ。私が一升飲んだわけじゃないのよ。二人とも緊張してお酒飲んで、「どうも失礼しました」って、お辞儀して別れて。

仲代　そんなところから始まったの？

岩下　ええ、でも、結婚して子供を生む時にお酒をやめたら、全然飲めなくなっちゃったから、その後酒豪は返上しました。

仲代　僕は、萬屋錦之介、勝新太郎、市川雷蔵[19]といったスターが居た時代に映画に出てたから、みんな毎晩祇園へ行くんですね。『炎上』（五八年、三島由紀夫の『金閣寺』の映画化）というので雷蔵さんと一緒になって、いつも連れて行ってもらってた。すると、「勝が昨夜来たの？　芸妓何人？」って訊く。「え、八人？　じゃあ九人呼んで」ってものでしたね（笑）。

岩下　そういう時代でしたね。

仲代　この間（一七年）亡くなった松方弘樹君なんかもその流れを汲んだ最後の人かもしれない。みんな借金して、死んでいくんですよ。私も一晩で四升飲んだことがあります。

岩下　ウワー、すごい。

仲代　『切腹』のころでした。さすがに宿屋に入れないで、前の橋の上で寝てたら、朝、小林監督が「おいおい」って起しに来てくれて、バーッと水かぶって撮影所入りしましたけど、顔がむくんでてこれじゃ撮れないから、って、部屋へ入ってくる足だけのところを撮って、「今日は休み」ってことに。

岩下　三船敏郎さんも結構お酒を飲まれるんですか？

仲代　すごいです。ただ、酒癖はあまりよろしくなかった。しかしあのころは台本が早くできてた、ってこともあるけど、三船さんは一切台本を持ち込まなかった。それとお付きを付けなかった。だから僕もそうしましたけどね。

岩下　そうですか。私、わりと台詞憶えないで入られた方かな、と思ってました。

仲代　いやいや、ストイックな人で、黒澤組のロケだと、昼飯なんか一人離れて食べてて、あんまりしゃべりませんでしたね。

ただ一度大失敗したのは、五社監督の『御用金』[20]（六九年）のロケの時、下北半島で寒いものだから、毎晩酒になる。そのうち三船さんと演技論になって、いろいろゴチャゴチャあって、怒って出て行かれちゃって、翌日一人で帰ってしまわれた。役を降りられちゃったわけなんです。それで、監督にも東宝にも申し訳なくて、僕の家を売却して賠償金を払います、と言ったんだけど、もしかして萬屋錦之介さんが出てくれないかな、と思って電話したら、「取敢《とりあ》えずそこへ行くよ」って来てくれて、「いやぁ、こんな寒いところでかよ」って言いながらも、出てくれて、助かりました。

岩下　私、仲代さんの喧嘩するところなんて見たことないわ。その後、三船さんとはどうなったんですか？

仲代　黒澤監督が仲に入って、新橋の料理屋で、三本締めで仲直りしました。任侠映画そのままに（笑）。

岩下　その場面、見てみたかった（笑）。

仲代さん、今の酒量は？

仲代　僕はいくら飲んでも酔わないから、酔ったやつの面倒を見ることになるんで、損なんだよね。八十四歳の現在でも、ビール一本と酒二合、最後に焼酎のオンザロックを二杯。

岩下　ちょっと、多いかも。

仲代　多いかな？

いい脚本を探しつづけて

関　お二人は現在も多方面でご活躍ですが、仲代さんは最近藤沢周平新ドラマシリーズ『果し合い』とか、（一七年）六月に封切られる小林政広[21]監督の映画『海辺のリア』とか、また、お芝居のご予定もおありだとか。岩下さんは、ＮＨＫテレビの連続ドラマ『鴨川食堂』で萩原健一さんと共演なさったり、何十年もコマーシャルをつとめていらっしゃる化粧品会社のトークショーに出演なさったり、華やかなご活躍ですね。

岩下　小林政広監督の映画が多いんですね。『春との旅[22]』（一〇年）、『日本の悲劇[23]』（一二年）も観ています。

仲代　今、オリジナルシナリオというのが少なくなりましたのでね。あの監督は全部自分で書きますからいいんですよ。

岩下　孫娘の春さんと老人が二人で家を捨てて旅に出る、とか、自分の部屋を密閉して断食する老人、とか。これ、父親の年金でしか生きていけない息子のためなんですよね、結局。着想が面白いですね。

仲代　今度の『海辺のリア』は、かつての人気スターが認知症になって、老人ホームから逃げ出して自由に徘徊する。かつて自分がつらく当った娘、妻以外の女に生ませた娘に出遭って、海辺でとうとう『リア王』の台詞を述べる……というものです。

岩下　面白そうですね。私もいい脚本があればいつでも出たいんですけど、でも、職業を持たない年輩の女性の役はいやなのね、演じようがない気がして。ただそこに居るだけ、みたいな役だと、お断りしてしまいます。

仲代　舞台はなさらないの？　昔、あなたのデズデモーナで二代目尾上松緑さんとの『オセロー』を観ましたよ。

岩下　うわぁ、いやだ。篠田が観に来て、「学芸会みたいだから、もう舞台はやめたほうがいい」って（笑）。

仲代　そんなことはなかった。やっぱりすごいな、と思いましたよ。僕も俳優座(24)時代に『オセロ』やりましたけどね。

岩下　デズデモーナは誰方《どなた》？

仲代　河内桃子さん。

岩下　ああ、亡くなった河内さんね。仲代さんの次の舞台というのは？

仲代　ブレヒトの『肝っ玉おっ母と子供たち』です。七月から稽古に入りますけど、もう僕の部屋には台詞を書いた紙がずっとこう貼ってあるんですよ。時々台詞に追っかけられて、ワァーッとわめく時があるんです。

岩下　そうしたらくつろげないでしょう。

仲代　ええ、くつろげませんね。でもまだやりたい芝居があと三十本あるんですよ。

岩下　すごい意欲ですね。

仲代　やれるはずはないですよ、三十本。でも、台本のタイトル眺めて、できるかな、できるかな、と思ってる。

岩下　たとえばどんな？

仲代　『ドレッサー』[25]の老シェイクスピア役者とか、『シラノ・ド・ベルジュラック』をもう一度、とか。でもこれはチャンバラがあるから無理かなぁ、とかね。

岩下　すごくエネルギッシュですね。おかげで私も元気がわいてきましたわ。

仲代　だって外国の映画を観ると、かつての美人女優がお年を召して、堂々といい映画の主演をつとめているじゃないですか。『八月の鯨』とか『黄昏』とか。

岩下　『サンセット大通り』とかね。

仲代　いやぁ、志麻さんはまだ恋物語もできると思いますよ。だってお若いもの。

岩下　そうでしょうか……。

仲代　まだまだ、そういう恋の話が作れるはずですから。いつかもう一度共演できるといいですね。

岩下　はい、そうなれば嬉しいです。

註

（1）『陽炎』　樋口可南子、仲代達矢主演、監督は五社英雄。昭和初期の熊本の料亭を舞台に菩薩の刺青を背負う女胴師〝不知火おりん〟が博奕勝負と復讐に活躍する仁侠アクション。

（2）篠田正浩　１９３１年、岐阜県生まれ。60年代に大島渚、吉田喜重とともに〝松竹ヌーヴェルヴァーグの旗手〟と称された。67年に岩下志麻と結婚、「表現社」を設立し、『心中天網島』など先鋭作を発表。『鑓の権三』（86年）でベルリン国際映画祭銀熊賞受賞。03年『スパイ・ゾルゲ』で監督を引退。

（3）『切腹』　仲代達矢、三國連太郎主演。社会派の名匠・小林正樹が初めて本格時代劇に挑み、63年にカンヌ国際映画祭で審査員特別賞を受賞した作品。

（4）『無頼漢』　仲代達矢、岩下志麻主演。天保改革への不満渦巻く江戸で、役者志望の遊び人直次郎と美しい花魁三千歳を巻き込む謀反を描く。寺山修司が脚本を書き、篠田正浩が監督した異色時代もの。

（5）『鬼龍院花子の生涯』　仲代達矢、岩下志麻、夏目雅子主演。五社英雄監督が宮尾登美子の同名小説を映画化。昭和初期の土佐を舞台に、侠客・鬼龍院政五郎と女たちの愛憎を女優7人の競演で描く。

（6）小林正樹　１９１６年、北海道生まれ。『人間の條件』でヴェネツィア国際映画祭サン・ジョルジョ賞、『切腹』『怪談』各々でカンヌ国際映画祭審査員特別賞など海外でも高い評価を受けた。96年没。

（7）河原崎長十郎　四代目。１９０２年、東京都生まれ。30年に松竹を脱退して春秋座結成。31年、劇団前進座の設立メンバーとなり、のちに幹事長（座頭）。81年没。岩下志麻は義理の姪にあたる。

（8）寺山修司　１９３５年、青森県生まれ。歌人としてデビュー後、67年、劇団「天井桟敷」を結成。マルチな活動で後世の演劇、文芸、映像作家に多大な影響を与えた。83年、肝硬変により47歳で没。

（9）市川翠扇　三代目。１９１３年、東京都生まれ。歌舞伎座で初舞台を踏み31年から新派に参加し、長らく脇役の名女優としてテレビドラマなどで活躍。57年に三代目市川翠扇を襲名。78年没。

(10)『心中天網島』　中村吉右衛門、岩下志麻（二役）主演。篠田正浩監督が近松門左衛門の同名人形浄瑠璃を映画化。実験的な演出が話題となり、69年のキネマ旬報ベスト・テン第1位を獲得。

(11)中村吉右衛門　44年、五代目市川染五郎の次男として東京都に生まれる。66年に二代目中村吉右衛門を襲名。大星由良之助、弁慶を十八番とする歌舞伎での活躍のほか、『鬼平犯科帳』シリーズの長谷川平蔵がテレビでの当たり役となった。11年、人間国宝。兄は二代目松本白鸚。21年、77歳で没。

(12)五社英雄　１９２９年、東京都生まれ。テレビ出身映画監督の草分けとしてアウトローを描いた。代表作に『御用金』『人斬り』『雲霧仁左衛門』『鬼龍院花子の生涯』『極道の妻たち』など。92年没。

(13)『雲霧仁左衛門』　非情な武家組織に追われて盗賊と化した男と、火付盗賊改の対決を描く。

(14)『北の螢』　明治時代、北海道開拓の先兵とされた囚人と監守たちの血で血を洗う戦いを描く。

(15)『極道の妻たち』　岩下志麻、かたせ梨乃、世良公則主演。家田荘子のルポルタージュを原作に、以後、主演女優・監督を替えシリーズ化。岩下志麻主演の劇場シリーズは98年で完結。

(16)『食卓のない家』　連合赤軍などの事件を題材とした家族の物語。小林正樹監督の遺作となった。

(17)『人間の條件』　仲代達矢、新珠三千代、佐田啓二主演。五味川純平の同名小説を、小林正樹監督が全6部の大作として映画化。1・2部はヴェネツィア国際映画祭サン・ジョルジョ賞（銀賞）を受賞。

(18)萬屋錦之介　１９３２年、東京都生まれ。中村錦之助として歌舞伎の人気女形から映画界に転じ、東映時代劇黄金期の看板スターに。テレビ時代劇『子連れ狼』などでも活躍。97年没。

(19)市川雷蔵　１９３１年、京都府生まれ。54年、歌舞伎から映画に転身。『眠狂四郎』シリーズなど大映の看板役者として活躍、「雷（らい）さま」の愛称で親しまれた。69年、がんのため37歳で没。

（20）『御用金』　仲代達矢、中村錦之助（当時）主演。フジテレビが初めて劇場用映画製作に進出した時代劇。監督は当時ディレクターだった五社英雄。三船敏郎が途中降板したが大ヒットした。

（21）小林政広　54年、東京都生まれ。『愛の予感』（07年）が海外でも高い評価を受け、『春との旅』『日本の悲劇』『海辺のリア』では仲代達矢が主演をつとめた。22年8月、がんのため68歳で没。

（22）『春との旅』　仲代達矢、徳永えり主演。原作・脚本・監督は小林政広。脚が不自由になった元漁師の忠男は、人生最後の住処を求め、孫の春とともに故郷の気仙沼などへ親戚縁者を訪ねる旅に出る。

（23）『日本の悲劇』　仲代達矢、北村一輝主演。年金不正受給を題材にした父と息子の物語。

（24）俳優座　44年に千田是也、東野英治郎らが設立した新劇団。仲代達矢、中村敦夫、原田芳雄、平幹二朗、山本學、木村功、田中邦衛、菅井きん、市原悦子、栗原小巻ら名優を多数輩出する。

（25）『ドレッサー』　P.118（23）参照

第2幕

鳳蘭
松本白鸚

「悲しみを希望に、
苦しみを勇気に」

鳳蘭 × 松本白鸚

おおとり　らん　兵庫県生まれ。宝塚（星組）トップスターとして活躍し、79年に退団後もミュージカルを中心に数多くの舞台作品に出演。『スウィーニィ・トッド』『シカゴ』『レ・ミゼラブル』『王様と私』『ジプシー』『ラ・マンチャの男』などで演劇賞の受賞多数。16年、旭日小綬章受章。

まつもと　はくおう　１９４２年、東京都生まれ。49年、六代目市川染五郎、81年に九代目松本幸四郎を襲名。歌舞伎、ミュージカル、ドラマと幅広く活躍。08年には『ラ・マンチャの男』で国内最多上演記録となる１１００回を達成。18年、二代目松本白鸚を襲名。22年、文化勲章受章。

この対談は白鸚襲名を間近に控えた九代目幸四郎のときのもの。歌舞伎俳優は出世魚のように名前が変るのでややこしい。

白鸚さんは、まるでアイドルスターだった六代目染五郎時代から幸四郎時代にかけて、『王様と私』や『屋根の上のヴァイオリン弾き』などのミュージカルを華やかに演じる時期があった（白鸚になっても『ラ・マンチャの男』のファイナル公演があったが）。

そして永年、宝塚のトップスターの座に君臨したツレちゃんこと鳳蘭さんは、宝塚退団後に『スウィーニィ・トッド』や『ラ・マンチャの男』などのステージを白鸚さんと共演している。

意外なことに、お二人の俳優人生にも挫折感を味わうことがあって、「そういう目に遭ってない人は本当の人生を歩んでない」という深い内容に及んで行くのだった。

僕を育ててくれたのは宝塚

関　歌舞伎の座頭《ざがしら》役者さんと宝塚トップの男役さんがこうして並んで撮影となると、まるで男同士（笑）。とてもダンディです。

白鸚　いやぁ、お元気で。変らないねぇ。

鳳　はい、元気です。なつかしい。幸四郎さんもちっとも変らないです。体使ってるとお互いに元気ですね。

白鸚　ノーマイクですしね、歌舞伎は。

関　お二人はミュージカルで呼吸の合ったコンビを組んで数々の名舞台を見せてくださっていますが、最初の共演は。

白鸚　『スウィーニィ・トッド』[1]（八一年）でしたね。あれは僕の染五郎時代最後のミュージカルで、帝劇でした。本当に、あのときのツレちゃんのパイ屋のおかみさん役のよかったこと。

あれは宝塚を退団されてどのくらいでしたか。

鳳　二年ですね。お褒めいただいて恥ずかしいんですけど、私、あのとき役作りとかあまり考えないで演じてました。人肉をパイに焼いて食べさせちゃう、そういう怖い女なのだ、という役作りを多分してなかったの。私、曲にすごい反応しちゃうんですよ。曲がとっても明るかったので、パーッと、ヘラヘラとやってしまって、怖い女として演じてなかった。

白鸚　いやいや、それがよかったんですよ。それが演出家の狙いです。早稲田小劇場[2]の鈴木忠志[3]さんでしたから、お稽古が大変でしたよね。とにかくワルツ聴きながら理髪師がお客を殺すんですから。パイ屋のおかみさんは理髪師の愛人で、証拠隠滅のためにその人肉をミートパイに混ぜて焼き上げて、何も知らないお客に売りさばく、というものですからね。ツレちゃんの明るい演じ方がかえって怖いし、すごくチャーミングでした。歌のうまさもさることながら、ね。

鳳　歌いにくい歌がいっぱいでね。

白鸚　あのソンドハイム[4]の曲たるや、いわゆるミュージカルナンバーではなくて、どちらかというとミュージックコンクレート（録音した自然界の音などを機械的操作で構成した音楽）に近いような、ロンドンの街の騒音とか工事現場の音を曲にした、というようなもので、だから歌い手は大変でしたね。

鳳　何でこんなに歌が難しいんだろうと思って、スティーヴン・ソンドハイムってどんな作曲家？　って人に訊いたら、ここをこうやれば歌いにくいだろう、って、わざと難かしくして歌えないように作曲する皮肉な人なんですって。私は宝塚で音楽はとっても勉強してきましたけど、幸四郎さんは歌舞伎の方なのにあれを歌いこなした。そのほうがびっくりしましたね。
白鸚　いやいや。一筋縄ではいかないクオリティーの高いミュージカル。ある意味ではとってもシュールなミュージカルですね。そのシュールさが歌舞伎に共通するんですよ。
鳳　ああ、なるほどね。あれにはいろんなジャンルの方が出ておられました。市原悦子さんとか、火野正平さんとか。
関　鳳さんは初めて幸四郎さんと共演なさって、どんな感じを持たれましたか。
鳳　もう、オーラが違いましたね、今も肩のあたりが光り輝いているみたいで、すごい威圧感を感じます。
白鸚　宝塚の大スターにそんなこと言われるとはね。
鳳　元、ですよ。
白鸚　いや、ずっとですよ。
しかし僕をミュージカル俳優として生み育ててくれたのは実は宝塚なんですよ。
関　最初のミュージカル『王様と私』[5]（六五年）が、越路吹雪[6]さんとでしたね。
白鸚　ええ、そうなんです。彼女は僕の母親と同い年。越路さんとそのご主人の内藤法《つね》美《み》さんが二十二歳の歌舞伎役者の僕を抜擢してくださったんですから。半世紀以上前ですね。そのころは、ミュージカルそのものも日本ではまだ一、二年で、根づいていなかった。

鳳　まだ全然でしたね。でもよく歌舞伎界から抜擢をね。

白鸚　記者会見でそれを懸念する声があったんです。そしたら即座に越路さんが、「染五郎さんなら大丈夫です」って言ってくれた。

鳳　もう稽古に入ってた？

白鸚　入ってなかった。だからそんなのわかるわけがない（笑）。

関　幸四郎さんの作詞作曲なさった「野バラ咲く路」(7)は『王様と私』よりあとでしたかしら。そのラジオの歌声をお聞きになって、じゃないんでしょうか。

白鸚　いや、あれは僕が趣味で作ったフォークソングですからね。それに越路さんはラジオ聞かないでしょう。

鳳　ご主人が作曲家だから、きっと声を聞いてますよ。

白鸚　とにかく僕のミュージカルの相手をしてくださった女優さんは七、八割が宝塚の方です。越路さん、那智わたるさん。『屋根の上のヴァイオリン弾き』(8)（六七年）では若い恋人同士が僕と淀かほるさんでしたから。

鳳　『ラ・マンチャの男』(9)（六九年）では、浜木綿子《はまゆうこ》さん、上月晃《こうづきのぼる》さん、次が私でしたね。

白鸚　初期のアルドンサに草笛光子さんがいらっしゃるけど、あの方は松竹歌劇団でしたよね。そういう方々と一緒の舞台が踏めて、ツレちゃんに至る迄、まあ何といろいろ勉強させてもらったことか。

鳳　とんでもない。幸四郎さんは私の教科書ですよ。それ、いまだに実は使ってます。

関　たとえばどんなことですか。

鳳　抜く、ということとか。

関　抜く、ってどんなふうに？

鳳　教えない。真似されるから（笑）。

上演中に大仏様の声が

白鸚　子どものころの話をすると、僕は三つのときから舞台に立って、学校へ行くようになると、早退して稽古場巡りをして、それから子役の舞台に立つ。父親に会うのはもうあたりが薄暗くなってから「おはようございます」って（笑）。ほかの友達は何だかんだと好きなことをやって、将来何になりたいとか夢を語っている。でも僕は役者になるレールが敷かれている。それがいやだったんです。

鳳　逃げようとは思いませんでしたか？

白鸚　普通はいやなら逃げますよね。僕は性格がひねくれてたせいか、いやだったらもっといやなものに自分を突っこんじゃえ、って思った。別にマゾじゃないけれども（笑）。でもそれが半年たち一年たちしているうちに、このつらさはそれほどでもないな、と思えてきた。仕事をするってことは、こういうことなんだ、と思った。

鳳　それがおいくつくらいで？

白鸚　中学生ぐらいですね。ツレちゃんはどうでしたか？

鳳　私は普段の自分でいることがいやでいやで、それ自体がストレスでしたから、宝塚に入って舞台に立ってたら幸せでしょうがなかったんです。私じゃなくなるから。『風と共に去りぬ』（七七年）のレット・バトラーの役をやったときに、スカーレットに拒絶されて銀橋《ぎんきょう》を歌いながら泣き顔で渡るシーンがあったんですけど、男役って、普通はそこで悲しみの顔をお客に見せて引っこむんです。でも私は違って、こんなに私が苦しんでいるのに、何でお客がそこにいるの？　顔も見たくない、あなたたち、帰ってよ！　と思うほど、レット・バトラーだったんです。

白鸚　だからよかったんだ、それが。

鳳　もう、あのときは役に入っちゃって、すっかり男になっちゃって、生理も止まっちゃった。体が反応してしまって。

白鸚　素晴しい。究極ですよ。そうならなきゃいけない。苦しんでいるそのツレちゃんのバトラーを見て、お客さんが感動する。
役者は、お客さんの悲しみを希望に、苦しみを勇気に変えなきゃいけないんです。
千回目の『勧進帳』（〇八年）の弁慶をつとめたのが奈良の東大寺の大仏殿前でした。その上演中に大仏様の声が聞えてきたんです。人を誹謗中傷することは誰でもできる。だが人に勇気や希望を、ましてや感動を与えることはなかなかできるものではない。そのなかなかできないことをお前は商売にしているのだぞ、心して励めよ、って。

鳳　大仏様が。

白鸚　言ったような気がしたんだね。そのとき春日山のほうから、鹿の鳴き声がキーンと聞えてきましたから、それが大仏様の声に聞えたのかどうかはわかりませんが。ツレちゃんのレット・バトラーも、人に感動を与え、勇気や希望を与えていたんだと思いますよ。

鳳　でも、本当に幸四郎さんてすごい。弁慶やって、ラ・マンチャやって。

白鸚　僕のような生き方をしてる歌舞伎役者はあんまりいないから。ヤンキースタジアムで野球してたと思ったら、国技館で相撲を取ってるんですよ（笑）。

関　皆さんが同じことを伺ってると思いますが、来年（一八年）、幸四郎から白鸚と名前が変っても、生き方は変りませんか？

白鸚　ええ、感謝をもって幸四郎という名前を終えて、父が名乗っていた白鸚という名前になったらば、一から始める気でいます。またもっと面白いものが芝居にあるんじゃないか、と思っているんですね、ジャンルに関係なく。役者って、何かもっと目が醒めるようなことができるんじゃないか、ってことを常に考えているんですよ。

よく、人生のロスタイムに入りましたね、とか言われたりしますけど（笑）。

鳳　ロスタイム（笑）。

白鸚　ええ、ロスタイム。しかしこれはなかなかバカにならない。ロスタイムに点が入って逆転することだってありますから。

鳳　同時にご子息の染五郎さんが幸四郎さんになられますね。

白鸚　はい、何しろ彼もスケート靴履いて歌舞伎やるもんですからね（笑）。考えられないことをします。若い彼らは外側から歌舞伎を何とかしようという、そういう感じが僕には受け取れるけど、ある程度年齢のいった僕らは、内側から何とか歌舞伎を変えられないかなぁ、と。今の歌舞伎ができないかなぁ、ということを、いつも考えていますね。

人に知らん顔される経験

関　鳳さんが宝塚を退団されたとき、というのも、歌舞伎の名前替えと一種共通する感慨があるのではないでしょうか。

鳳　いえ、私、自分の人生のピークはもう宝塚で終ってると思うんですね。みんなに愛されて、とっても幸せな時期だった。とにかく自分のお金なんか使うことがなかったし、あんなのがほしい、ってちょっと口にすると、翌日パッと届いたりしてましたからね。

とにかく私、「人妻殺し」って言われてて。私のファンはなぜか人妻が多くって、私の舞台を見たら、うちへ帰ってからは目をつぶって夫の顔を見ないんですって（笑）。

それが十五年たって、退団した次の日に、私、何かの書類を取りに宝塚の事務所へ行ったんです。そしたら、それまでそこの郵便ポストから道端の雑草まで、全部が私に好意を持って手を振ってくれてたみたいだったのに、退団した翌日からみ〜んな知らん顔してる。誰も私を振り向いてくれない。いまだに鳥肌が立つほど、本当にそのとき寂しかった。

幸四郎さんが白鸚さんになるのはもっと上に行くわけだから、私の退団のときとは違うんです。

白鸚　別に上に行くわけじゃない。でも、上がると滑りますからね（笑）。しかし、人生で翌日態度がパッと変る目に遭う、という体験がないとダメだと僕は思うな。

鳳　知らん顔されることがないとダメ？

白鸚　うん、そう。

鳳　あ、涙（笑）。本当？

白鸚　本当。そういう目に遭ってない人は本当の人生を歩んでない、と僕は思います。

鳳　幸四郎さんもそういう思いをしたことがあるんですか？

白鸚　ありますよ。忘れもしない、歌舞伎座の楽屋です。東宝のプロデューサーがいらして、それまで越路さんと初演して以来、三百回くらい演じた『王様と私』の王様役を今度は別の俳優さんがなさるから、すみません、降りてください、って言われたんです。それで、僕は喉元まで出かかった言葉を飲みこんで、それが東宝のためになるんでしたら結構です、承知しました、って言ったんですけど、さすがに悲しかった。

その思いを忘れるために、ニューヨークでユル・ブリンナー[10]が最後の『キング・アンド・アイ』[11]をやってるのを観に行きました。

鳳　はぁ……。

白鸚　それを観て、僕はもう王様役とは別れようと思って行ったんです。で、アーゴシーブックセンターという古本屋に、王様が劇中で読む詩集の初版本が二冊あったので、それを買って、『キング・アンド・アイ』を観て、終って彼の楽屋へ行ったんですね。

ユル・ブリンナーさんはそのときもう大変体の具合が悪くて、楽屋のすぐ前にリムジンが着くんです。それで「日本」という名前のレストランに僕を招待してくれました。黒い革のジャケット着てましたね。

そのとき、僕はこういうわけでこの役に別れを告げるためにあなたの王様を観に来ました、と言ったら、しばらく黙ってて、「ネックストキングイズユー」と言ってくれた。

鳳　すごい！

白鸚 やせた指にいっぱいリングはめてましたね。自分の王様のメイクは歌舞伎の隈取りから取ったんだよ、とか、舞台で足袋を履いてるんだ、とか、いろんな話をしてね。

鳳 シャムの王様が足袋を？

白鸚 僕が、シャムって、今のタイですね、そこの王様は足袋履かないでしょう、と言ったら、舞台にいろんなものが落ちてるから素足だと危ないので、って。それで足袋に刺繡したりスパンコールつけたりしてそれらしくして履いてましたね。

関 その後、イギリスで『王様と私』（九〇年）を幸四郎さんがなさってますね。

白鸚 ええ、半年間も。年を越して半年間で二百七ステージです。そういえば七〇年、『ラ・マンチャの男』のブロードウェイ公演から帰ってきて、久しぶりに歌舞伎座に行ったら、ちょうどある役者さんの追善の口上の幕があいたので、客席でそっと隠れるようにして観ていた。中村屋の叔父[12]（十七代目勘三郎＝一二年に亡くなった十八代目の父）が、口上の席から、「あ、客席のどっかにおりますけども、私の甥でございます。昨日ブロードウェイから帰って参りました。『ラ・マンチャの男』というミュージカルを、英語で、ですよ。向うの俳優とやって、帰ってきたんでございます」なんて（笑）。

鳳 とっても自慢だったんですね。

白鸚　追善の口上なのに、そのお家に悪いじゃないですか。そういうとこがあった叔父でした。

関　鳳さんは、どんな少女時代を送られたんですか？

鳳　両親とも中国人ですし、こういう外人顔ですから、みんなからいじめられてましたね。今はもうみんな整形してこんな顔にしてるんだけど。

白鸚　ツレちゃんというのは本名なんですね。

鳳　そうです。荘芝蘭、中国読みでツウランというんですが、私の上海の田舎ではツウレエっていうんです。だから両親からツレちゃんと呼ばれてました。宝塚に入ったとき、愛称は？　って訊かれて、そのツレちゃんを愛称にしてしまったんです。

　私が宝塚の退団を決意した理由は五つくらいあるんですけど、最大の理由は、とにかく早く結婚しろ、と父から言われてたことなんです。

　宝塚のトップになって新聞に大きく私の名前が出るようになっても、うちへ帰ればただの娘扱い。妹がお茶碗洗うと私が拭いて、お布団を敷いて寝る。

　親は多分、自分たちの死後、私が一人残されることが心配だったんでしょう。とにかく結婚しろで、父の言う通りに中国人の医師と結婚して、子どももできましたから、今は父に本当に感謝しています。

白鸚　じゃあ、退団二年後の『スウィーニィ・トッド』のときは、もう結婚していらしたんですね。あのとき激しい動きの連続で、どこか怪我をなさったでしょう。それでも一日も休まずに出演して、本当のプロなんだなぁと思いましたけどね。

鳳　ああ、あばら骨ですね。

でも、私、これまで誰にも言ってないんですけど、実はもっとすごいことがあったんです。窯の中にバーンと放りこまれるシーンがあったでしょう。私、妊娠してるの知らなかったんです。それで、流産しちゃったの。主人が産婦人科の医師だったので、ああ、流産したなぁ、って。

白鸚　え？　それでも休演しないで。

鳳　ええ、休まなかった。ちょっとあとになって、名古屋である占い師さんに会ったら、最近何かありましたか？　ツレちゃんが男の子の手を引いてて、その子に、どこへ行くの？　って訊いたら、僕遠いところに行くの、って言った、というんですよ。それ聞いて、私もう、ぞおーっとしてしまって。

白鸚　初めてですね、そのお話。もうびっくりしました。ことばもありません。

関　私はお嬢さんの荘田由紀さんの文学座の本公演、森本薫の『女の一生』（一〇年）の主役を偶然鳳さんのお隣の席で観ました。手に汗を握っていらっしゃいました。

鳳　あら、そうお。私はただ、よかったわよ、と言っただけでしたよ。

でも私、演出家が何を怒ってるのか、何が言いたいのか、すぐわかるんですよ。それも父のおかげなんです。親が日本語は片言だったので、怒るときは日本語が出てこないで中国語になっちゃう。でも私はその前に、父が怒り出すのがわかるから、パッと逃げるんです。でも、兄と妹はそこにいて、いつも父からお尻を叩かれていましたね。

白鸚　役者で一番大切なのは観察力。少女のころから自然に備わってたんですね。

鳳　多分ね。それと私、サービス精神が異常に強くて、幕があいて悲しげな沈んだ顔の人がいると、さあ、喜ばせよう、楽しませよう、私の前にいる人はみんな幸せでいてほしい、と思っちゃうんです。

白鸚　素晴しい。それも役者にとって大切なことですね。

鳳　でも私、宝塚を退団して、女の役で胸の谷間を見せたりするようになったら、私を同性と思わずに恋人だと思ってたファンが、一人減り二人減りしていきましたからね。

白鸚　すいません、ファンを減らして（笑）。僕は結婚した途端に、ガタッとファンが減りました。

鳳　美人の奥様。ミス慶応ですものね。

舞台でのエクスタシー

関　お二人にとって、舞台上の恩人と言える方はどなたですか？

鳳　私はやっぱり菊田一夫[13]先生ですね。宝塚一年生のときに舞台の隅っこで踊っていたら、先生が二人の演出助手に、あの子が次の時代の宝塚を背負うよ、っておっしゃった。それでスター会議のとき、あんなグロテスクで今までにないタイプの子はダメだと言ってた人たちも、菊田先生のひと言で賛成に回ってくれた。ずいぶん短期間でトップになりましたから。

白鸚　僕も菊田先生が共通の恩人かもしれない。親父（八代目幸四郎＝初代白鸚）が十一年間、東宝にご厄介になって、しばらくの間菊田先生と二人で新しい演劇への夢を描いたことがあったんですね。

だから僕は『ラ・マンチャの男』で「見果てぬ夢」を歌うときは、いつでも菊田先生と父白鸚へのレクイエムだと思って、毎日歌い続けているんです。

鳳　素敵なお話ですね。

関　いい役者、本当のプロというのはお二人の立場からはどういうものと言えるのでしょうか。

白鸚　僕はアーティストになりたいと思わない。アルチザン、職人になりたいと思うんです。手に職をつけてない俳優はセミプロだと思う。

歌舞伎で言えば、さっき話に出た勘三郎の叔父なんかプロ中のプロ、手に芸がついてました。出てきて客席に魔法の粉をパラパラと振りかけちゃう。それだけでお客の心をつかんでしまう。

役者は結局のところ、いいか悪いかのどっちかなんですね。

鳳　あと、好きか嫌いかもありますね。そのジャッジをされるのも入場料のうちだと思う。

白鸚　そう、お客さんはちゃんと見ていてそれがわかるんです。専門的なことを知らなくても、本能的にわかっちゃうんですね。いいか悪いか。

鳳　幸四郎さん、舞台でエクスタシー感じたことあります？　私、一回だけありますよ。

白鸚　すごい話になってきた。

鳳　『ジプシー』[14]（九一年）って、私は二人の娘を持つ母親役で、これ、宮沢りえちゃんの初舞台でした。母親は娘を女優にしようと思うけど結局裏切られて、みんないなくなってしまう。最後に十分くらい私が一人で歌うシーンがあるんです。ある日、そこの二千人の観客が、私の子宮の中に入ってきてた。二千人と私が一人になってた。エクスタシーだと思った、そのときに。

白鸚　うーん、すごい大陸的な、日本人離れした感覚だと思う。その感覚がないから日本の演劇人はダメなのかもしれないな。

鳳　一回だけでしたけどね、そのとき。

白鸚　しかしうちの祖父（七代目幸四郎）の実家は秦《はた》という苗字で、つまり秦《しん》という帰化人らしいんです。

鳳　わ、嬉しい。私も帰化人だから。

白鸚　祖父はちょっと顔からして日本人離れした歌舞伎役者で、歌舞伎座の昼の部に翻訳劇をやって、夜の部で歌舞伎をやった、という人ですからね。それから『露営の夢』[15]（一九〇五年）というオペラまでやっています。

鳳　幸四郎さんは完全にその血。DNAなんですね。

白鸚　そうかもしれないですね（笑）。いつか『ラ・マンチャ』のときに一緒に神戸公演に行きましたね。僕が中華料理のピータンが大好きだって言ったら、ツレちゃんがうちの店から持ってきてあげる、って。

鳳　突然、何の話ですか（笑）。

白鸚　あとにも先にもあんなおいしいピータンは食べたことがなかった。黄身がトローッと出てきて、何とも言えず厚みのある味で。

鳳　神戸の親戚のお店からでした。

白鸚　芝居も同じことで、いいのと悪いのとしかないのは、ピータンと同じなんです。素晴しい俳優とその芸は、一瞬のピータンの味わいなんだと思います。われわれはそのために生まれてきて、芝居をやって、歌を歌って、踊ってみせる。

鳳　本当にそうですね。その人しか持ってない、芸の味わいなんですね。

さっき、本当のプロは、という話が出ましたけど、私、本人がプロと思ってるのが滑稽に見えたらダメかな、と思うの。それであんまり人の舞台観たくないんです。でも、来年一月からの幸四郎さんの白鸚襲名には必ず伺いますからね。

白鸚　あのピータンに負けないような芝居をしないとね。

鳳　またピータン送りますからね。

註

（１）『スウィーニィ・トッド』　ロンドンの理髪師にして連続殺人者を題材にしたミュージカル。日本初演は81年に鈴木忠志演出、市川染五郎（当時）と鳳蘭主演。

（２）早稲田小劇場　87頁（１）参照。

（３）鈴木忠志　87頁（３）参照。

（４）スティーヴン・ソンドハイム　１９３０年、米ニューヨーク州生まれ。トニー賞、グラミー賞を各８度受賞の演劇界を代表する作曲家・作詞家。『カンパニー』『スウィーニィ・トッド』『イントゥ・ザ・ウッズ』『アサシンズ』などを作詞作曲し、『ウエスト・サイド物語』は作詞を担当。21年没。

（５）『王様と私』　日本初演は65年の市川染五郎（当時）と越路吹雪で、以後アンナ役が那智わたる、草笛光子、安奈淳と替わりながら80年まで５度再演。88年に松平健と鳳蘭が６度目の再演を行った。

（６）越路吹雪　１９２４年、東京都生まれ。宝塚スターから、51年の『モルガンお雪』で日本人ミュージカル女優第１号となる。「愛の讃歌」などで〝シャンソンの女王〟と呼ばれた。80年、56歳で急逝。

（７）「野バラ咲く路」　市川染五郎当時の67年、自作自演でリリースしたフォークテイストの歌謡曲。

（８）『屋根の上のヴァイオリン弾き』　日本初演は67年で、父テヴィエを森繁久彌、妻ゴールデを越路吹雪、長女ツァイテルを淀かほる、その恋人の仕立て屋モーテルを市川染五郎（当時）が演じた。森繁は同役を86年まで９００回演じた。鳳蘭は17年からゴールデ役で出演。

（９）『ラ・マンチャの男』　セルバンテスの『ドン・キホーテ』をもとにしたミュージカルで、日本では69年初演より二代目松本白鸚がセルバンテスを演じ、公演回数１３００回突破。また市川染五郎当時の70年にはブロードウェイで同役を英語で演じている。95〜01年公演のアルドンサ役は鳳蘭。

(10)　ユル・ブリンナー　１９２０年、露ウラジオストク生まれ。アメリカ移住後の51年、『王様と私』のシャムの王様が当たり役となり、トニー賞に続き映画版でもアカデミー賞主演男優賞を受賞。死期を悟った85年にも半年間にわたり再演して累計４６３３公演を演じ、同年没した。

(11)　『キング・アンド・アイ』　51年にユル・ブリンナーの王様役で初演され、トニー賞5部門受賞。15年の4度目のブロードウェイ再演では渡辺謙が王様役をつとめた。

(12)　中村屋の叔父　十七代目中村勘三郎。１９０９年、三代目中村歌六の三男として東京都に生まれる。50年には絶えていた「中村勘三郎」の名跡を襲名。故十八代目中村勘三郎の父。88年没。

(13)　菊田一夫　１９０８年、神奈川県生まれ。終戦後、古関裕而とのコンビで数々のドラマ、演劇、ミュージカルを手がけ、日本で初めてブロードウェイ・ミュージカル『マイ・フェア・レディ』を上演。66年には『風と共に去りぬ』を世界で初めて舞台化した。73年没。

(14)　『ジプシー』　女優になる夢を2人の娘に託して躍起になるステージママ、ローズを描くミュージカル。91年の日本公演ではローズを鳳蘭、長女ルイーズを宮沢りえが演じた。

(15)　『露営の夢』　北村季晴の作詞・作曲・演出による、日本人の手になるものとしては最初の本格的な歌劇とされるオペラ・カンタータ。１９０５年に七代目松本幸四郎が上演した。

第3幕

柄本明
白石加代子

「小劇場で笑った思い出」

柄本　明

×

白石加代子

えもと　あきら　１９４８年、東京都生まれ。劇団マールイ、自由劇場を経て、76年に劇団東京乾電池を結成。独特の存在感で大河ドラマやテレビ時代劇、『男はつらいよ』シリーズはじめ多くの映画に出演するほか、志村けんとのコントでも人気を博した。19年、旭日小綬章受章。

しらいし　かよこ　東京都生まれ。67年、区役所勤めを辞め早稲田小劇場（現・ＳＣＯＴ）に入団。70年に『劇的なるものをめぐってⅡ』の主演で評判を攫い、同劇団の看板女優となる。89年に独立後も舞台『百物語』シリーズや映画、テレビドラマで活躍。12年、旭日小綬章受章。

前衛的な演劇世界を代表するお二人。

柄本さんがこの世界に足を踏み入れるキッカケは、白石さんの舞台を観たことだった、という話はとても興味深い。

白石さんが少女のころ、近所の子供と「鬼ごっこ」ならぬ「鬼ばばごっこ」をして遊んでいた、という話。柄本少年が、東銀座の東劇近くに以前は川があって、その近くでセミ捕りをしていたら、その姿を映画の撮影に使われた、という話が何となくお二人の将来を暗示しているように思われる。

「白石さん（の芝居）は怖いところがあるのに、でも何だかおかしくて」という柄本さんの指摘に、「怖いだけ、とか、狂気だけ、とかにはなるまいとしていると、はけ口は笑いですよね」と答えるあたりがこの対談の白眉だと思う。

お二人が歌舞伎座にもちょっと係わりを持った、という話も面白かった。

柄本 明×白石加代子

初めて観た芝居が早稲小

関　今回は、強烈な個性をお持ちのお二方の、初顔合せとも言える対談です。

柄本さんが演劇人生に入るきっかけを作ったのが、早稲田小劇場[1]の白石さんの芝居だった、といつか伺って、これは是非存分に語り合っていただきたい、と思いました。

柄本　最初に僕がネタばらしというか、お断りしておきますが、僕は「早稲小」のときの白石さんしか、観てないんです。

白石　その後は観てない？

柄本　観てません（笑）。すいません。

白石　いいえ（笑）。

柄本　僕はサラリーマン二年間ぐらいやってて、そのときに、先輩に早稲小に連れてかれて、初めて芝居を観たんです。うちの両親が映画好きで、うちでは映画の話しかしないような親だったんで、映画を観るのは好きだったんですけどね。

それでその早稲小は、十二月二十五日あたりでしたかね。寒い日で、どっか裏手から入るでしょ。

白石　そうです。「モンシェリ」という喫茶店の二階が劇場でしたから。

柄本　そこで焚火か何かして、人がずらずらっと並んで。『どん底における民俗学的分析』[2]（六八年）というのを観ました。

白石　ああ、楽日《らくび》だから並んでたのね。初日のころは、小さい舞台に二十五人くらい出演者がいるんだけど、お客様は三人とか四人とか（笑）。

柄本　そうですか。でも、楽日は満員で入れなくて、もう一回やってくれることになって、下のモンシェリでコーヒーを飲みながら大勢で待ってました。あの当時、学生運動が盛んなころで、周りを見るとみんな長髪で汚なっぽいアナーキーな、アングラな格好をしてました。でも自分は、髪の毛も七三で、会社の帰りですから鞄持って、ネクタイしめているんですよ。それがものすごく恥ずかしかったですね。

白石　芝居のほうはどうでした？

柄本　何だかおかしくっておかしくって。音楽に合わせて役者が意味もなく踊りながら出たり入ったりしてましたね。

白石　あそこは客席のうしろに楽屋兼事務所があって、狭い舞台に役者があふれちゃったらそれを客席の花道を通って事務所に退場させなきゃいけない。その時それぞれが音楽に合わせて楽しげに踊りながら移ったらどうか、ということで、やってるほうは別に笑わせるつもりはなかったんですよ。

柄本　観てるほうはおかしかったです。あの劇場、どのくらいの大きさでしたか。

白石　客席は、ぎゅうぎゅう詰めにして百五十人。それ以上入れたら床が抜ける、と言われてました。舞台は間口が二間半（約四・五メートル）、奥行が一間半（約二・七メートル）くらいでしたかね。それで『どん底における民俗学的分析』ですけど、全部ゴーリキーの原作『どん底』通りの役を振り当てられて、きちっと作りました。私はナースチャの役で。

柄本　女郎の？

白石　そうです。それをまたちょっとひとひねりしましたけどね。代表の鈴木忠志[3]さんのほかに、あのころは創設メンバーでいらした劇作家の別役実[4]さんも劇団員でしたし、関口瑛さんや、役者の創意工夫も加わって、どんどん崩していきましたから。

柄本　最初に台詞言ったのが、高橋辰夫さん。大家の役で。違うかな？

白石　そうそう。

柄本　男爵の小野碩《ひろし》さんが、ルイ・ジューヴェふうにやったりして。

白石　そう、よく憶えてらっしゃるね。

柄本　あれが一番面白かったから。自分の言い方で言うと、ものすごくくだらなくて。褒めてるんです、これ（笑）。

白石　わかるわかる（笑）。でも、呆れて、それっきり観てないんでしょ？

柄本　いえ、『アトリエNo.3　夜と時計』（七五年）も観ました。あれはもうそのころ一緒に芝居してた岩松了[5]と二人で行った。そしたら岩松が、芝居観て初めて面白いと思った、って。白石さんが、杉村五十鈴先生の役で。

白石　それは、杉村春子さんと山田五十鈴さんを一緒にした役（笑）。杉村さんも観にいらっしゃった。

柄本　すっごい、くだらないんですよ（笑）。

白石　お褒めにあずかって（笑）。

生まれつき持つ演技の質

関　お二人とも東京生まれ東京育ちでいらっしゃいますが、私も下町育ちで、伯父たちはまともに褒めたりしませんでしたから、柄本さん流の褒め方も、よくわかります。お二人にも共通する感覚ですか？

柄本　東京の人って、どこかにある種の距離感みたいなものを置くでしょ。

白石　そうかもしれない。べたっとしてないのよね。

柄本　表参道あたりをかっこよく歩いてる人って、大体地方の人。やっぱり勝負に来てんだな。

白石　東京の人は勝負しなくていい。

柄本　最初からここにいるから、みたいな。

白石　東京タワーなんか行ったことないわ、って感じ。

柄本　われわれの仕事って、他人が書いたことを言う仕事ですよね。でも、どうしても自然に言えない気がするんですよ。その言葉を出すということは、自分の身体のある歴史を通っていくわけだから。ちょっと言えないことがある。

するとと演出家なり監督なりが、もっと自然にやってくれ、と言ったりする。これって、不条理ですよね。不自然なことを自然にやれ、なんて、失礼な話だと思う。ひねくれてるんですかね。

白石　何かそれ、生まれつき持ってる柄本さんの演技の質だな、って思う。他の人の演技ではこんなの見たことないな、っていつも思う。特に映像で、カメラがふわーっとあなたを追っていくから、よくわかるんだけど。

柄本　やっぱりそれ東京なんですよ。早稲小の芝居を僕が面白いと思ったのは、自然とか不自然を超越したものを見たからじゃないかな、と思う。

白石　そんなふうに感じる、ってすごい敏感なのよね、柄本さんが。『どん底における民俗学的分析』が一番面白かった、って言う人はあんまりいません（笑）。だから私はそれが誇りで、柄本さんのことをいろんな人に言いふらしてますから。

柄本　僕の中で一番の演出家は、鈴木忠志さんなんです。ちゃんと話したことはないのですが、あまり会わないほうがいいんじゃないか、という気もする。

白石　今さら劇団に入らないようにしてくださいね（笑）。

柄本　鈴木さんとは四年ほど前、静岡県の野外劇場へ芝居を観に行って、トイレですれ違って、向うから「柄本さん」って。

白石　あ、鈴木さん、偉いわ。そういう気さくなところのない人だったけど、気に入られてるんだわあなたを、きっと。

柄本　鈴木演出の『アトリエNo.3　夜と時計』、精神病院の話で、患者が先生に、「朝からうな丼とか天丼とか出すな」って抗議する。とにかくくだらない（笑）。

白石　いつもそういうの扱ってました。
早稲小で『桜の園』[6]（八六年）のラネーフスカヤもやりましたけど、鈴木さんは、「白石はしゃべくり回って虚言癖のある役がぴったりだ」と思ってたらしいの。いでたちもへんちくりんで、ふわっとしたお帽子で、おしゃれな洋服着てるんだけど、下駄はいて出てくるんです（笑）。流行歌に合わせながら登場してきて一人語りで、昔こんなつらいことがあったのよ、って泣いたりなんかするんだけど、全部自分の中で素敵なドラマを作って得々とおしゃべりするような役にしてくれてたのね。

柄本　面白いですねぇ。あ、そうだ。僕は早稲小のあとも白石さんを観てるんだ。『常陸坊海尊《ひたちぼうかいそん》』[7]（九七年）。寺島しのぶ[8]ちゃんも出てた。あれ、秋元松代[9]さんの脚本《ほん》がものすごくいいなぁ、と思ったけど、白石さんは怖いところがあるのに、でも何だかおかしくておかしくて（笑）。変ってないなぁ、と思いました。

白石　やっぱり怖いだけ、とか、狂気だけ、とかにはなるまいとして演《や》っていることは事実ですよね。すると、はけ口はどこかというと、笑っていただくことですよね。

柄本　悲しい話であればあるほど、笑うっていうのはありますよ。たとえばチェーホフ[10]の『ワーニャ伯父さん』にしても、ワーニャがみんなの犠牲になって黙々と働き続けるけど、それぞれ勝手なこと言って最後、みんないなくなる。幕切れ、ワーニャが玉ねぎ何キロ、人参何キロ、って収穫高の帳面つけ出すと、若い姪っ子のソーニャがやってきて、「伯父さん、生きて行きましょうね」って（笑）。

白石　それ、私は笑えます（笑）。

柄本　本当はものすごく悲しいんだけど。

白石　だってチェーホフ自身が、「喜劇」と断ってますものね。『桜の園』にしたって。

少年の頃、川島雄三監督に

関　お二人は子どものころ、どんな遊びをしていらしたのか。白石さんが「鬼ばばごっこ」をなさってたとか。

白石　よくそんなことをご存知で（笑）。単なる鬼ごっこですよ。さらわれたお姫様を救い出す。本当はお姫様をやりたかったけど、私が鬼の役をやってから、鬼ばばごっこって名前がついたんで。

柄本　怖くて笑える話だなあ。

白石　私は麻布小学校って、六本木の近くにあるんですけど、そこの屋上で鬼ごっこやったんですね。私が鬼をやったとき、何か思いついて怖いことやったんだと思う。みんなヒーヒー言いながら逃げて、次からは「鬼は白石さーん」ってことに。

柄本　当り役になった。それが『白石加代子ショウ』につながって行く。

白石　いやいや、白石加代子ショウはそんなことしてませんよ。

一九七〇年初演の鈴木忠志演出『劇的なるものをめぐってⅡ』に「白石加代子ショウ」という副題がつけられた。音楽と幻想の中、老女が鶴屋南北や泉鏡花の作品の登場人物に思い入れをし、その断片を演じていく。「雪之丞変化《ゆきのじょうへんげ》」の曲とともに美女のつもりになったり、一転、心の闇に堕ち入り体をけいれんさせたり、タクアンを丸かじりして吐き散らしたりする白石の演技が観客に衝撃を与えた。

白石　五、六歳のころ、ちょっと落ち着きのない子だからというので、母が踊りを習わせてくれたの。父が早く亡くなって経済的に長続きはしませんでしたけど、そのときに身体の中に何かがふっと入ったような気がする。身ぶりの中に情感をこめる、というのか、舞台での動き方が身についたような気がするの。

関　柄本さんは銀座のお生まれですね。

柄本　ええ、木挽町《こびきちょう》。うちのお袋は中野の新井出身ですけど、歌舞伎座の近くに嫁に行けるんで、嬉しかったと思うな。大の歌舞伎好きでしたから。そしたら親父が商売失敗しちゃって、僕が六つまでしか木挽町にいられなかったけど。

白石　そのころどんな遊びをしてたの？

柄本　東劇の近くが今は高速が走ってるけど、あそこは川でしたね。その辺の公園で遊んでたら、ある日映画の撮影隊が来て、「坊や、セミ捕ってごらん」と言われて、要するにエキストラに使われたんですね。

白石　すごい。何という映画？

柄本　親父が言うには『純潔革命』（五三年）という川島雄三監督、三橋達也出演の映画だってことなんですが、何年か前、映画チャンネルでやったのを見たけど、その場面ないんですよ。

白石　え？　ないんですか。

柄本　当時、みんなで観に行って、自分が映ってるのを見た記憶はあるんです。後ろ姿のロングでしたけどね。もし、川島さんの映画に出てたとしたら、これ、一番の自慢なんだけどな。

白石　ご両親はどんな映画を？

柄本　親父はアメリカ映画。ジョン・フォード監督の。他はハワード・ホークス監督とかゲーリー・クーパー、ジェームス・キャグニーですね。お袋はフレッド・アステア一辺倒。親父が亡くなってからは、部屋にアステアの写真飾って、アステアのビデオ全部揃えてました。何か、少しおかしいうちでね。

白石　ちょっと、特別ですね（笑）。

柄本　映画雑誌全部揃ってた。『映画ファン』『映画ストーリー』『近代映画』『映画の友』。僕は中村錦之助（のちの萬屋錦之介）ファンで、映画雑誌のファン投票で、錦ちゃんが石原裕次郎にトップを抜かれたときは、もう悔しくて悔しくてね。

白石　私も子どものころ、三本立ての時代劇映画はよく観てました。お姫様の真似ごとしたりしてね。森繁久彌さんの社長シリーズ[11]というのもよく観てて、それが面白くて面白くて。

私、歌舞伎もよく観てましたよ。（六代目中村）歌右衛門さんの『四谷怪談』とか。

歌舞伎座に流れた声

関　一九七六年ごろ、武智鉄二[12]演出の『東海道四谷怪談』で、白石さんがお岩をなさったのを岩波ホールで拝見してます。のちの坂田藤十郎[13]さんが扇雀《せんじゃく》時代、伊右衛門役で。

白石　あら、そう（笑）。あのときは楽屋が一つの大きな部屋で、当時の扇雀さんのところはちょっと幕が張ってあるんだけど、終演後にお客様がいらして、「扇雀さん以外はみんなひどいですな」って、つつぬけなのに大きな声で（笑）。

関　按摩《あんま》の宅悦役が、伊藤雄之助でしたね。

白石　そう、いろんな方が出てました。これも鈴木忠志さんとの関係で、岩波ホールが演劇シリーズを三回だけ、私の主役でやってくださったのね。最初が『トロイアの女』（七四年）、次が『東海道四谷怪談』、もう一つ『ディオニュソス』（七八年）。

柄本　お岩さん、さぞ怖かったでしょうね。

白石　今の扇雀さんが子どものころ、観に来て、怖くて眠れなくなった、って（笑）。

柄本　彼はコクーン歌舞伎で最近お岩やってますよね。串田《くしだ》和美《かずよし》さん(14)演出で。

白石　そうね。拝見しました。あの時私はやっぱり歌舞伎の人たちとは演技の質が違うから、当り前だけど、もうどうしようもなかった。でも一門の中に親切に教えてくださる方がいて、それは今でも身体の中に残ってますよ。

柄本　たとえばどういうところですか。

白石　所作とか、たたずまいとか。間、とかね。演出の武智さんも、怖い場面の声はこう出すんだとか、口移しでいろいろ教えてくださいました。

関　柄本さんも『浅草パラダイス』シリーズ(15)（九七年〜）で勘三郎さんと共演なさったとき、途中で芸者の格好をするところがあって、ずいぶん中村屋のお弟子の女方さんにお世話になってましたね。

柄本　ええ、中村千彌《せんや》(16)さんね、怖かった（笑）。年齢もだいぶ上で、もう女方の技術が身についてましたからね。

白石　柄本さんが女方なさったの？

柄本　ええ、途中でちょっと芸者をね。そのころ勘三郎さんがよく言ってました。「とにかく歌舞伎座って小屋はいいよ、役者が何倍もよく見えちゃうんだから」って。それで

とうとう、僕は彼のおかげで歌舞伎座の舞台に立ったんです。「俳優祭」という一日だけのイベントですけどね。『浅草パラダイス』の、勘三郎さんと僕と藤山直美[17]さんの三人が一列で、肩に手を置いて花道から登場して、ちょっとした寸劇みたいなのをやったんですが、やっぱりよかったですね。舞台が立派で、横に長くてシネスコサイズですよ。あ、これはいいなぁ、芝居がしやすい、って気がしました。

歌舞伎座が大好きだったお袋が生前に、僕が歌舞伎座の舞台を踏んだなんて聞いたら、蹴殺されちゃいますよ（笑）。

白石　私、歌舞伎座に、これ出演、と言えるかどうかわからないけど、私の声が一か月間流れたことがあるんですよ。

早稲小[18]にいた小野碩が、先代の芝翫《しかん》さんの大ファンで、当時私もそう言われて拝見したら、なんて静謐《せいひつ》で美しい方だろう、と思って密かにお慕いしていました。そしたら芝翫さんが、二〇〇五年の大河ドラマ『義経』[19]の、私のナレーションをとても好きで聞いてくださってた、ということなんです。それで、その年に上演された『平家蟹』[20]という妖しく不思議な芝居の導入部の説明を朗読してください、っておっしゃって、それで楽屋にお伺いして芝翫さんにお会いしました。

柄本　それ、歌舞伎座で？

白石　歌舞伎座よ。

柄本　わぁ、すごい。

関　たしかに歌舞伎座です。暗い幕あきで、怖さが際立っていました。

柄本　すごいな、やっぱり。

自由劇場に入って

関　柄本さんは、どうして早稲田小に入りたいと思わなかったのでしょう。

柄本　面白いなと思ったけど、入ろうとは思わなかった。僕の友達の角野卓造が、早稲小と文学座受けて両方受かったけど、文学座に行った。

白石 それ、正しい選択（笑）。
柄本 好きなのは早稲小だけど、って。
関 でも『割りばし仮面とスプーンマンの決闘』（七五年）というのは何となく早稲小ぽいですね。
白石 何それ（笑）。
柄本 昔、自由劇場[21]にいたときに、新宿西口会館（現・新宿パレット）の屋上ビアガーデンでコントをやってたんですよ。僕とベンガルと綾田俊樹と。パンツ一丁で全身に割箸ぶらさげたり、スプーンぶらさげたりした男が対決する。まあ、アングラ的発想ですね。
白石 それ、早稲小の影響は、ないと思うよ。
柄本 いや、さっきの朝ご飯にうな丼はいやだ、の論争に通じるかもしれない。
白石 まあ、そうかもね。自由劇場に入ったのはどうしてなの？
柄本 僕は自由劇場に興味はなかったですね（笑）。それでまず、金子信雄さんと丹阿《たんあ》弥谷津子《みやつこ》さんの「マールイ」に入ったんです。でもそこはあんまり芝居してなかったから、大道具のバイトをずっとやってて、そのときに串田和美さんから声をかけられたんですよ。第一次の自由劇場は解散してて、また昔の仲間のデコ（吉田日出子[22]）とかを集めて、そこに佐藤B作とか朝比奈尚之とかもいたんです。

白石　どんな芝居してたんですか。

柄本　たとえば『マクベス12』（七五年）なんて、串田さんが即興で作らせるんですよね。それで笹野高史とよく組まされて、彼は自由劇場の先輩だけど、同い年で、仲悪いんですよ。

白石　仲悪いの（笑）。

柄本　ええ、だから相談も稽古もしない。ぶっつけでやる。すると、自分で言うのも何だけど、面白かったんですよ。それでこのときに、自分はもしかしたらずっとこの仕事続けるかな、って思った記憶がありますね。

白石　だから本当は仲いいんじゃないの？

柄本　そうですね。わざとそう言ったりするんですが、本当は違うと思います。妙な波長が合いますからね。

白石　ほらね（笑）。でも舞台って面白い。仲のいい人と芝居やっても、うまくいくってわけじゃないからね。

さっき吉田日出子さんの名前が出たけど、柄本さんとの二人芝居を、私は観てますよ。

柄本　えっ、そうですか。

白石　ちょうど市川崑さんの映画で日出子さんとご一緒したんですね。そのときお互いにもう結構な年だったから近寄れたんだけど。

柄本　そうでしょうね。アングラ二大女優の対決だもの（笑）。

白石　お話しするのが楽しかったの。今度柄本さんと芝居するから、って。

柄本　『ジョンとジョー』（九六年）ですね。アゴタ・クリストフの。僕が何か二人芝居ないかなと思って本探して。でも、あれ失敗でした。

白石　そうなの（笑）。

つかこうへいと鈴木忠志

関　吉行和子さんが、白石さんによろしくとのことでした。彼女が民藝[23]を退団して、唐十郎[24]さんの『少女仮面[25]』（六九年）で初めて共演して、普段お会いすると白石さんは静かで、昔の女学生みたいな感じ、と思っていたら、舞台に上がると突然変貌なさって、もうびっくりしたそうです。

柄本　そうだ、吉行さんが出てたんだ。

白石　そう、民藝から移って、ほんの短い間だけど劇団員だったの、吉行さん。あの人はインテリっていうか日本語の読みが深いっていうか……。私より年上なのに少女の役で、私は自分を春日野八千代だと思いこんでる女で。

柄本　唐さんはその『少女仮面』(26)で岸田國士戯曲賞を獲ったんでしたね。僕は最近、下北沢のスズナリで、李麗仙さんがその春日野八千代を演ったのを観ましたけど、李さんの存在そのものがその役になってましたね。

白石　ああ、ある程度の年齢になってから演る役なのかもね。

柄本　はぁ。しかし唐十郎さんにしても、つかこうへい(27)さんにしても、鈴木忠志さんにあこがれて、影響を受けてますね。

白石　つかさん、年中、鈴木さんの演出ぶりを見にきてましたからね。

柄本　つかさんの『蒲田行進曲』(28)（八〇年）は、鈴木さんからのコピーだって聞いてます。

白石　そうそう、そうだと思います。

柄本　実はあれ、僕で作ったんですよ。僕はそのころもう、東京乾電池(29)だったんですが。

白石　あら、その話、もっと聞きたい。

柄本　うちの奥さんの角替和枝《つのがえかずえ》が「暫《しばらく》」という劇団にいて、ここにつかさんが関連してて、平田満や三浦洋一がいた。それで、僕のほうの乾電池は男ばっかりだったんで、角替や松金よね子に出てもらった。つかさんは、自分のとこの角替が出てるから芝居観にきて、僕のことを気に入ったんでしょうね。

稽古場に来てくれ、根岸季衣《ねぎしとしえ》の相手役がいないんでお前来てくれ、って言われて、結局それが『蒲田行進曲』だった。

最初は映画も、僕と松田優作という話だったんだけど、記者発表の日に、それが飛んだんですね。多分、優作さんと深作欣二監督の間に何かあったのかもしれませんね。

白石 それで風間杜夫さんと平田満さんになった。二転三転してるんですね。

いつか一緒に芝居を

関 お二人は舞台で共演なさったことはないんでしたね。

柄本 そうね。テレビドラマで一度一緒だったけど、からむところはなかったからね。

白石 からみがなきゃだめですよ。共演してない、って私、不思議でしょうがない。だって柄本さんは、私の後半の舞台観てないからね。くだらないと思って（笑）。

柄本 いやいや、そうじゃないけど。

白石　早稲小にいたころ、ものすごくエネルギッシュにやってたせいもあるけど、そのころからの熱心なファンの方が、後半の私は堕落した、って思ってるらしい。

柄本　それはいわゆる劇団としての力、鈴木さんの演出なんかも含めてのこと？

白石　それもあり得るかもしれないけど、ものすごい集中力で、笑いなんか絶対取らないで、魂の中心に降りてくような芝居が素晴しいと言ってた人たちは、笑わせるのが大好きになった私の芝居を観たら、堕落したと思うんじゃないの？

柄本　そもそも魂の中心に、と思うこと自体が間違いだと思う。そういう観客は『どん底における民俗学的分析』や『白石加代子ショウ』を観ても笑わなかったんですかね。

白石　えもっちゃん、それはね、あなたが観てくれた『どん底』と、そのあとに私が演じた、狂気に走っていく舞台とはちょっと違ってきてるのよ。あそこまでたどりついた女優が、なんで『百物語』（九二年〜）なんかやるんだというような評価のくだし方じゃない？

「恐怖」をテーマに、小泉八雲や江戸川乱歩、宮部みゆき、大沢在昌など、江戸から現代の著名な作家の小説を朗読する『百物語』。この一人舞台は、演出に鴨下信一[30]を迎え、衣装や声色など身体全体を用いた演技で観客を魅了した。百話語り終えると魔物が現れるという言い伝えから、一四年、九十九話で語り終えた。

柄本　『百物語』は白石さんのライフワークとして立派に評価されてるじゃないですか。早稲田小劇場時代の白石さんを目指してた女優さんて、かなりいたと思うし、熱狂的なファンというのは誤解して崇拝してることがある。だから僕は要するに、くだらない、って言葉使っちゃう。俺たちはこんな素晴しいことやってるんです、なんて言ってたら、逆に困っちゃうでしょ。

白石　そうですね。ありがとう（笑）。

柄本　何かご一緒に芝居できるといいですね。何かないかなぁ。

白石　柄本さんと共演する人は損だと思うよ。言葉と言葉のあわいをぬって、芝居なさるでしょう。まともにぶつかる人は多分だめだと思う。

柄本　そんなことないですよ。

白石　不条理劇がお好きでしょ？　イヨネスコの『授業』の家政婦の役なんて、私にどうかしら。あれだとそんなにからまないで、あなたをただ叱り飛ばせばいいわけだから。

柄本　僕、ひっぱたかれて、眼鏡飛ばされたりして、怖いです（笑）。一番簡単なのは『ラヴ・レターズ』じゃないですか？　朗読するだけだから。

白石　いいかも。あ、面白そう（笑）。でも、お客さんが先にいろんな想像しちゃうかもしれない。もっと清純なのやりましょうよ。

柄本　それはちょっと、無理かも（笑）。

註

（1）早稲田小劇場　66年に鈴木忠志を中心に早大近くの喫茶店「モンシェリ」2階を劇場として結成された脱新劇運動を象徴する劇団。鈴木が演出、別役実が脚本、俳優の小野碩、白石加代子らが在籍し、小劇場運動の旗手と目された。76年に富山県移転、84年ＳＣＯＴと改称。

（2）『どん底における民俗学的分析』　68年、早稲田小劇場が結成3作目に上演した作品。『どん底』の舞台設定をロシアの木賃宿から精神病院に変え、入院患者たちが繰り広げる狂躁を舞台上で展開。

（3）鈴木忠志　１９３９年、静岡県生まれ。早大在学中に「自由舞台」に参加。66年、早稲田小劇場を結成する。演出作品に『劇的なるものをめぐってⅡ』『トロイアの女』『ディオニュソス』『リア王』『シラノ・ド・ベルジュラック』『オイディプス王』『サド侯爵夫人』『世界の果てからこんにちは』など。

（4）別役実　１９３７年、新京（現在の中国・長春市）生まれ。早大で「自由舞台」に入部、鈴木忠志らと出会い処女作『AとBと一人の女』（61年）を発表。68年『マッチ売りの少女』『赤い鳥の居る風景』で岸田國士戯曲賞、08年『やってきたゴドー』で鶴屋南北戯曲賞など受賞多数。20年没。

（5）岩松了　52年、長崎県生まれ。柄本明らの東京乾電池に合流し、時事コントなどで人気となる。98年『テレビ・デイズ』で読売文学賞など劇作家として活躍。テレビドラマにも精力的に出演する。

（6）『桜の園』「チェーホフ四大戯曲」最晩年の作品。頑迷な地主貴族ラネーフスカヤ家が急変する時代を理解せず、大切にしてきた先祖伝来の桜並木のある領地を手放すという没落の哀愁を描く。

（7）『常陸坊海尊』　劇作家・秋元松代の代表戯曲。主君・義経を見捨てて逃走し、その後不老不死となって源平合戦を人々に語り聞かせたと言われる伝説の人物の物語。白石加代子の役どころは海尊の妻と称するイタコのおばば。97年は蜷川幸雄が演出、19年に長塚圭史演出で白石が再演。

（8）寺島しのぶ　１９８頁、プロフィール参照。
（9）秋元松代　１９１１年、神奈川県生まれ。戦後を代表する女性劇作家。『常陸坊海尊』は東北の仙人伝説を周到に取材した傑作とされ、『近松心中物語』は蜷川幸雄演出で繰り返し再演された。01年没。
（10）アントン・チェーホフ　１８６０年生まれ。ロシアを代表する劇作家・小説家。旅行記『サハリン島』、短編小説『犬を連れた奥さん』ほか、『かもめ』『ワーニャ伯父さん』『三人姉妹』『桜の園』といった戯曲を残す。１９０４年没。
（11）社長シリーズ　森繁久彌主演の喜劇映画シリーズ。小林桂樹、三木のり平、フランキー堺らが出演。
（12）武智鉄二　１９１２年、大阪府生まれ。創造劇場で歌舞伎の演出家となり、大阪文楽座では狂言作者の意図に忠実な演出で「武智歌舞伎」と呼ばれ好評を博した。88年没。
（13）坂田藤十郎　四代目。１９３１年、京都府生まれ。41年、二代目中村扇雀で初舞台。『曾根崎心中』のお初で扇雀ブームを起こす。上方歌舞伎の復興に尽力し、82年に近松座を結成。三代目中村鴈治郎を襲名後、05年には大名跡の坂田藤十郎を２３１年ぶりに襲名。当たり役のお初は１４００回以上つとめた。20年没。
（14）串田和美　42年、東京都生まれ。66年に佐藤信、吉田日出子らと自由劇場を結成。のち複数劇団と共同して通称「黒テント」として全国を公演。黒テント脱退後、再び自由劇場で演出を担当。劇団名を「オンシアター自由劇場」と改め、『上海バンスキング』などのヒット作を放つ。
（15）『浅草パラダイス』シリーズ　97年『浅草慕情〜なつかしのパラダイス〜』の公演名で初演され、中村勘三郎、藤山直美、柄本明のほかデビュー前の寺島しのぶや高校生の中村獅童が出演。翌年以降、『浅草パラダイス』『ご存じ浅草パラダイス』『さらば浅草パラダイス』とシリーズ化、再演もされた。

(16) 中村千彌　二代目。１９３１年、長崎県生まれ。小柄な身体と澄んだ声で『一本刀土俵入』の子守娘が当たり役となった。十八代目中村勘三郎や現・勘九郎、七之助の教育係をつとめた。10年没。

(17) 藤山直美　58年、大阪府生まれ。喜劇役者の藤山寛美の三女。92年、ＮＨＫ朝ドラ『おんなは度胸』で人気となり、00年の阪本順治監督『顔』で映画初主演。06年『芋たこなんきん』で最年長で朝ドラヒロインを演じ、15年から森光子の代表作舞台『おもろい女』を主演としてリバイバル上演する。

(18) 先代の芝翫さん　七代目。１９２８年、東京都生まれ。面長の容貌で七代目中村福助の名で女形として活躍、67年に七代目中村芝翫襲名。11年没。

(19) 大河ドラマ『義経』　05年のＮＨＫ大河ドラマ。原作は宮尾登美子、脚本は金子成人。出演者に滝沢秀明、上戸彩、石原さとみといった若手を起用、ナレーターを白石加代子がつとめた。

(20) 『平家蟹』　05年の歌舞伎座「九月大歌舞伎」で上演された岡本綺堂作の新歌舞伎。

(21) 自由劇場　66年、俳優座養成所出身の佐藤信、斎藤憐、串田和美、吉田日出子らを中心に結成された劇団。68年に演劇センター68（現・劇団黒テント）に合流したが、その後、黒テントを脱退した串田と吉田を中心に再興され、75年「オンシアター自由劇場」と改称。

(22) 吉田日出子　44年、石川県生まれ。文学座を経て、自由劇場創設に参加。『上海バンスキング』の15年長期公演をふくめ、96年の解散まで看板女優をつとめた。

(23) 民藝　民衆芸術劇場（第一次民藝）を前身として、50年に滝沢修、宇野重吉、北林谷栄らにより創立。戦後の新劇界をリードする劇団として創作劇から翻訳劇まで数多くの作品を上演。大滝秀治、芦田伸介、米倉斉加年、奈良岡朋子、樫山文枝、日色ともゑらを輩出した。

(24) 唐十郎　40年、東京都生まれ。「各役者の個性的な肉体が舞台上で特権的に語りだす」ことを目指す「特権的肉体論」を掲げて「状況劇場」を旗揚げし、劇作家・演出家・俳優をつとめた。

(25)『少女仮面』　唐十郎が早稲田小劇場（鈴木忠志演出）に書き下ろして69年初演され、岸田國士戯曲賞を受賞した戯曲。宝塚を夢見る少女と老婆が、かつての宝塚スターが経営する胎内のような地下喫茶「肉体」を訪れ、『嵐が丘』の稽古をする物語。71年に状況劇場でも上演された。

(26) 李麗仙　42年、東京都生まれ。63年、唐十郎の状況劇場に参加、李礼仙の名で看板女優として活躍。67年、唐と結婚して翌年、長男（俳優の大鶴義丹）を生む。テレビドラマでも活躍した。21年没。

(27) つかこうへい　48年、福岡県生まれ。74年「つかこうへい劇団」を創設。戯曲を小説化した『蒲田行進曲』で82年に直木賞受賞。『熱海殺人事件』などの戯曲で人気劇団を牽引。10年、62歳で没。

(28)『蒲田行進曲』　根岸とし江（現・根岸季衣）、加藤健一、柄本明で80年に初演。「新選組」の映画を撮影中の俳優たちを描く群像活劇は、82年には松坂慶子と風間杜夫、平田満で映画化され、のちドラマ化もされた。

(29) 東京乾電池　76年にオンシアター自由劇場を退団した柄本明、ベンガル、綾田俊樹が結成し、その後に高田純次、小形雄二、岩松了らが入団。時事コントが人気のきっかけとなったが、柄本の演出でチェーホフやシェイクスピアの翻訳劇を上演、海外公演も行っている。

(30) 鴨下信一　１９３５年、東京都生まれ。ラジオ東京（現・ＴＢＳ）に入社。『岸辺のアルバム』『ふぞろいの林檎たち』『高校教師』といったテレビドラマを演出。文筆家としても知られた。21年没。

第4幕

小日向文世　渡辺えり

「女の激しさ、男の優しさ」

小日向文世 × 渡辺えり

こひなた　ふみよ　１９５４年、北海道生まれ。77年に自由劇場に入団し、96年の解散まで中核的俳優として活躍。01年に月９ドラマ『ＨＥＲＯ』での存在感ある演技でブレイク。ドラマや映画のヒット作多数に出演。11年、舞台『国民の映画』で読売演劇大賞最優秀男優賞を受賞。

わたなべ　えり　山形県生まれ。舞台芸術学院などを経て、78年「劇団２○○《にじゅうまる》」を旗揚げ（80年、「３○○《さんじゅうまる》」に改称）。劇作家・演出家・女優として劇団主宰の傍ら、ドラマや映画出演、執筆など幅広く活躍。97年『Shall We ダンス？』で日本アカデミー賞最優秀助演女優賞を受賞。

その神経は柔軟でいながら強靱で、その円満な振舞いは結局、芝居をうまく運ばせるため、という小日向文世さん。

「火山」と呼ばれるほど噴火しやすくて、人を許せなかったのに、近ごろは他人を批判している間に自分の役を深めればいい、と思えるようになったという渡辺えりさん。

二人が共演した舞台を語りながら、そこに鮮やかに見えてくる吉田日出子さんの横顔には、非常に興趣が尽きなかった。

『ミザリー』というサイコホラー小説を原作とする怖い芝居で、役者は笑わせるつもりはないのに客席から思わず笑いが起きる、という話も観客の心理を突いていて面白い。

若いころ、発声練習や芝居の稽古で時間構わずだったというお二人が、その時代とたった十年違うだけで今の若者たちの身の入れ方が違ってきた、と嘆く場面もあって、いろいろ考えさせられた。

正義感で怒りまくっていた

関　今回はユニーク過ぎるお二人です。接点はあまりないように思われるかもしれませんが、舞台で三回も共演がありますね。『ザ・ファイブ・オクロック・ガール』[1]（九二年）、『阿呆劇　フィガロの結婚』[2]（九五年）、『ミザリー』[3]（〇五年）と。

最初にお互いを意識したのはいつごろのことですか。

小日向　えりちゃんとちゃんと話したのは青山のスパイラルで『マック　ザ　ナイフ』[4]（八五年）に出てたでしょ。それ観に行って、あとでお茶飲んだんだよね。

渡辺　思い出した。そうそう。

小日向　串田（和美）[5]さんとデコ（吉田日出子）[6]さんとえりちゃんと、演出の佐藤信《まこと》[7]さん。えりちゃんが佐藤さんにずっと文句言ってた。

渡辺　なぜかと言うと、信さんが、私との最初の約束を破ったからなの。当時は自分が主宰している劇団の芝居が一番だとおもっているので、自分が白人でもないのに、翻訳物でメリーとかトムとかやってらんないよってね。そしたら信さんが「無国籍な作品にするから」と。では着物着て、お茶碗持っても良いんですよね？　って言ってたのに、やっぱり西洋風の舞台になってたのでね。あの頃はアングラの時代だったから。

小日向　古いな（笑）。

渡辺　そう、今思えば逆に古いね。当時は新しいこと言ったつもりでも。しかも、娘役の毬谷《まりや》友子《ともこ》[8]さんが私と五つしか違わない。私が「お母さんには見えないと思います」と言ったのよ。

小日向　えりちゃん、いくつだった？

渡辺　二十九。信さんが、じゃあ継母にしよう、って。それで引き受けたんだけど、どこにも継母なんて台詞がない。騙されたと思ったのよ。それに終電の五分後までダメ出しするからせめて終電の五分前までにして下さい、若い人たちはお金がなくて困っているんです、って正義感で怒ってた。

小日向　すんごい怒りまくってたね。

渡辺　それからしばらく、口きかなかったの、信さんと（笑）。

関　そのころ、朝のテレビ小説『おしん』[9]（八三年）に出て、一躍名を知られたんですね。田中裕子さんのおしんの兄嫁役で。

渡辺　そうなんです、山形弁の意地悪な兄嫁。でも、当時は演劇に携わる者がテレビに出るのだって魂を売ったみたいに言われた時代でしたよね。

小日向　でもあのころ、自由劇場[10]にいながら日出子さんはどんどんテレビに出てたからね。俺、だから串田さんに劇団やめる、って言ったんだ。二十五のときに。

渡辺　映像をやりたいから？

小日向　そう。そしたら串田さんが、舞台は面白いぞ、っていっぱい話してくれて、でも僕、映像もやりたいんで、って言ったら、「何か仕事来たのか？」「いえ、来てないです」「来てから相談しろよ」って（笑）。

関　小日向さんがテレビで話題になるのはかなり遅いですよね。

小日向　ええ、自由劇場に十九年間いて、四十二のとき劇団が解散して、『ＨＥＲＯ』[11]（〇一年）が四十七のときだからね。四十六のとき三谷幸喜[12]さんの『オケピ！』[13]（〇〇年）に出て、真田広之さんや布施明さん、松たか子ちゃんたちと共演したのをフジテレビのプロデューサーとかいろんな人が観に来て、それからでしたから。それはやっぱり自由劇場で培ったものがあって、三谷さんが『オケピ！』で僕を使ってくれたからだからね。あのとき串田さんが親身になって止めてくれなかったらどうなってたかわからない。

渡辺　私は、最初はすごく二の線の役の依頼が多かったんです。でも劇団があったから全部断っていて。たまたま予定がはまって出た『おしん』での印象が強烈で、そのうち三枚目が多くなっちゃって。本当は二の線だったのよ（笑）。

小日向　えりちゃん、たしかに可愛いかったよ（笑）。

吉田日出子という強烈な才能

関　えりさんが最初に観た小日向さんの芝居は？

渡辺　自由劇場でしたね。ほら、すごくいい雰囲気の、一癖も二癖もありながら傷つきやすい王子様の役。

小日向　『クスコ』[14]（八二年初演）でしょう。四演目（九二年）のあと、えりちゃんと一緒に舞台に立ったのが『ザ・ファイブ・オクロック・ガール』ですよ、ミュージカルの。

『クスコ』（作・斎藤憐、演出・美術・衣裳・串田和美）は稀代の悪女にして美女、藤原薬子《ふじわらのくすこ》をめぐる物語。小日向は初演、再演では第二王子カミノを、再々演からは第一王子アテノを好演した。

また、二人の初共演作である『ザ・ファイブ・オクロック・ガール　5時の恋人』（作曲・ハリー・ルビー、演出・加藤直）は一九二〇年代のニューヨークが舞台のブロードウェイ・ミュージカル。小日向はポロのスター選手の親友だと言うが実は召使いを、渡辺は上流家庭の娘を演じた。

渡辺　そう、毎日同じ電車でいろんな話をしながら帰って、すごく楽しかった。森下から新宿までの三十分ぐらい、毎日。

小日向　俺が女性に捨てられた話とか？

渡辺　そう。小日向さんはすべてを受け入れて、優しい人なんですよね。だから私とか激しい人間に出会っても、笑ってられる。

多分吉田日出子さんという、強烈な才能の人と一緒だったから。

小日向　それは日出子さんの恐ろしさを知ったら、どんなベテランの女優さんでも怖くないんだよね。

だって僕、本多劇場のこけら落しで『イカルガの祭り』[15]（八三年）ってやったときに、日出子さんを追いかけて長い階段の下から裾をつかんで迫るシーンがあるんですよ。こっちの芝居がダメだと、向うはかまわずどんどん行っちゃうから僕は夢中でしがみつく。また、僕が一生懸命台詞を言ってるとき、シラーッとして僕の顔を見てるの。それで袖に入ると、ダァーッとダメ出し。それが怖かったですよ。

渡辺　そのあと『阿呆劇　フィガロの結婚』では、私も日出子さん怖かった。

ボーマルシェの戯曲とモーツァルトのオペラで知られる『フィガロの結婚』を、台本・山元清多《きよかず》、演出・美術・串田和美らが遊戯精神にあふれた現代劇として変奏させたのが『阿呆劇　フィガロの結婚』。結婚式を控えた現代の男女（沢田研二、吉田日出子）が、マンションを下見に行き、劇中劇で伯爵（小日向）と夫人（渡辺）に仕えるフィガロとシュザンヌに変身するが――。

小日向　そう、僕とえりちゃんが伯爵とその夫人で、フィガロがジュリー（沢田研二）、シュザンヌがデコさん。

あのとき、えりちゃん稽古場で泣いてたね。

渡辺　だって、正面切って芝居するなとか、いつも自分の劇団でお山の大将でやってるから、とかそれまで言われたことなかった厳しさだったから。

小日向　俺たちのほうが伯爵夫妻でずっと偉いのにね。二人は召使いの役で。

渡辺　私、ジュリ子って言われるほど少女時代からジュリーが大好きで、そのジュリ子が遂にジュリーと共演するって山形から大勢で観に来てくれたりしたんだけど、裏では、稽古場の階段に座って泣いたりして。小日向さんに相談に乗ってもらってやり通せたんですよ。

小日向　『ザ・ファイブ・オクロック・ガール』のころはえりちゃんまだ演劇少女みたいで、真面目で可愛かった。開演前は震えてたし。二人で緊張しながら芝居やってたね。『フィガロ』のころになると、正義感が強くて理不尽なことは許せない性格がはっきり出てきて、稽古の休憩中に僕とデコさんが稽古靴のままおそば屋に行って帰ってきたら、「それでいいんですかね」って、息まいて。

渡辺　でもそのあと不思議とデコさんに気に入られて、「大好き」って言われて。

小日向　稽古場離れると少女のようになっちゃう。そのギャップがすごいんですよ。

渡辺　それで二人芝居を下北沢のスズナリでやることになって、そこでまた厳しくやられました（笑）。自由劇場の人たちがみんなで観に来てくれたときに、私酔っ払って、「デコさんをあんなふうにしたのはあなたたちじゃないですか」って言っちゃった（笑）。

小日向　俺にも言った？

渡辺　言った！　でもそれで公演が終ったら、デコさんが、「はぁ楽しかった、またやろうね」って（笑）。

小日向　だから、芝居ができ上がるまでは別人のようになる。舞台が固まるまでは本当に大変だから。それは本番を自由に楽しくやるための前提なんだよね。

渡辺　そう、『フィガロ』のときも二人芝居のときも本番はすごく楽しかった。

小日向　逆にこっちが面白いように芝居を先導すると機嫌がいいんだ。自由劇場の芝居で、即興で作んなきゃいけないとき、僕がよく台本書いたの。こういう感じ、デコさん喜ぶんじゃないか、って。すごく機嫌がよかったよ。

渡辺　そういう小日向さんの縦横無尽さと、クッションのあるみたいな面白い芝居っていうのは吉田日出子さんから学んだものが多い、ってことよね。

小日向　本当にそう。串田さんから芝居のいろはを教わり、実際の舞台に立っての芝居の芯の部分みたいなのを、デコさんを見て感じたりして。二人が僕の芝居の父と母ですよ。

関　えりさんが演劇の道を進むきっかけは、文学座の『ガラスの動物園』[16]（七一年）を観て、といつか伺いましたし、小日向さんは自由劇場の前に文学座を受けていらっしゃるし。

渡辺　え？　文学座受けてたの？

小日向　そう、落っこちたけど、もし入ってたらまた全然違ったものになってたね。

渡辺　そりゃ違ったわね。杉村春子さんの指導受けてたら。

劇団の面接で叫んだ名前

小日向　僕は学校の勉強が好きじゃなかったから、北海道から上京して美術の専門学校に入ったんだけど、スキーに行って複雑骨折して、手術の失敗で二年間棒に振るんです。二十歳のときに、もうさんざん八回も手術して痛い目に遭った自分が不憫になって、あとは好きなことを自分にさせてやろうと思って、自分を問い詰めたら、「写真」。よっしゃ写真、というんで一応卒業したんだけど、どうも違う。本当は何がしたいんだ？　「俳優」。よっしゃ、やれやれ、って自分で後押しして、芝居観たこともないのに文学座の養成所受けたんですよ。

渡辺　えーっ、観たこともなくて？

小日向　だから簡単に落ちて、それから中村雅俊さんの付き人兼スタッフをやって、「役者になりたいんならまたどっかの養成所を受けてみたら？」と言われて、七七年に自由劇場に入りました。

渡辺　自由劇場は知ってたの？

小日向　吉田日出子さんのことだけ知ってたの。『木枯し紋次郎』で鳥追い女の役で出たのを北海道のころテレビで見て、何かものすごく惹かれるものがあったんだね。可愛くて、魔性のようで、どっか天然みたいなところもあって（笑）。

渡辺　強烈な印象だった。

小日向　運命的な出会いだった。スキー場に出てすぐ、足すくわれて転んで、そのとき神様に「お前の行く道は違うよ」って、ぐっと引っ張られたような感じがする。

渡辺　看護師さんとの悲しい別れ、みたいな話も聞いてるわね、私。

小日向　そうそう。自由劇場の面接でデコさんが、即興であなた魚やって、とか、クラゲの真似して、とかいろいろ言うんだけど、この子大人しそうで声も多分でなさそうと思ったらしくて、何か思い切り大声で叫んでみて、って言われた。それでその別れた看護師さんの名前を叫んだ（笑）。

渡辺　それで合格？

小日向　いや、どうせ落ちると思ったからデコさんのところへ行って、握手してください、って。

渡辺　それで合格したのよ、きっと（笑）。

私も小日向さんと一緒で、地方にいたから映画にあこがれてて、映画監督になりたかったんですよ。でも演劇も小学校のときから演劇教室でずっと観てました。

十六歳のとき、文学座が地方巡演で山形に来て、テネシー・ウィリアムズの『ガラスの動物園』に出会ったんです。長岡輝子[17]さんの演出で、母親役のアマンダも演じていらして。女性が演出をして役者もやってる、凄い演出だと思いました。日本の家族の感覚と同じように演出していた。そしてマイノリティーに焦点をあてた少数の人のための少数の人たちが幸せになる芝居だと感じた。そして「ブルーローズ」という名前に象徴される、それぞれが唯一無二の稀有な存在で、その存在こそが多数の人間を幸せにすることもできる、といったテーマの芝居だった。私はこういう作品を作りたいとその時激しく思ったのです。

「ローラは私だ！」（笑）

小日向　それで映画監督のほうは？

渡辺　『シベールの日曜日』[18]という映画に出会って、こういう作品を撮りたい、って思った。

小日向　観てみたいな、えりちゃんの映画。結局、演出もやりたい、女優もやって、コンサートで歌も歌いたい、全部やりたいんだね。人間って、やりたくないことは避けて通ると思うから、それでいいんだと思う。

渡辺　女優をやらせていただいたギャラで赤字を埋めながら作・演出して、の繰り返しだけど。

関　お二人の共演では、何と言ってもシアターアップルで観たスティーヴン・キング[19]の『ミザリー』の舞台が強烈でした。

小日向さん演じる作家のポールの小説『ミザリー』の熱狂的ファンがえりさんのアニーという怖い女性で。

『ミザリー』はスティーヴン・キングのサイコホラー小説を原作とする。脚本・サイモン・ムーア、演出・松本祐子。小説『ミザリー』の連作で人気の高い作家のポールを小日向が、異常なファン心理とサディズムによって、彼を監禁し、数々の拷問を加える元看護師のアニーを渡辺が演じた。アニーの人間性を深く描いた本作は高く評価され、二年後に同じキャストで再演した。

渡辺　そう、愛するあまり、うちに閉じこめて斧で足を切っちゃったりする。あのときは毎晩小日向さんの足切ってる夢を見てうなされて。わりと私、繊細なんです、こう見えて（笑）。

小日向　そうだったの（笑）。

渡辺　もうやだ、病気になる、って思った。だって足の切り口とか出てきちゃうんですもの、夢に。それでも劇場へ行くと小日向さんが待っててくれる、っていうだけで乗り切れた。二回も三回も再演ができたのは、小日向さんのおかげだと思う。

小日向　いやいや。でも、とにかく初演（〇五年）のときは舞台転換がうまくいかなくて、えりちゃんはスタッフを怒鳴りまくってたね。もう俺が全部片づけるからいいじゃん、って言ってなだめて。

渡辺　再演（〇七年）のときも体調が悪くて、このままじゃ病気になって危ないことになるかもしれない、って美輪明宏[20]さんに電話をいただいて、この芝居の最中にえり子からえりになるんだけど、今思い出しても大変だったのに、楽しかったという感想になるの。何でかしらね。

小日向　それはやっぱり怖い話なんだけど、えりちゃんが血だらけになりながら僕を襲ってくるとお客さんが笑うんだよね。舞台ってそういう怖いシーンで、こっちが笑わそうと思ってないのに、思わず笑いが起きる。それが楽しかったんじゃないのかな。

渡辺　翻訳物は物凄く稽古しないと、感情を入れるのはやっぱり難しいけどね。

小日向　とにかくえりちゃんの役は圧倒的に台詞が多くて、二幕の始めの長台詞。ゲネプロのときだったか、台詞が全部飛んじゃったらしくて、その場で適当なことしゃべり始めたけど、それが全部山形弁（笑）。

渡辺　そうそう（笑）。小日向さんも故郷の北海道で、飛んだことあったじゃない。

小日向　ああ、一幕の幕前に登場して、自分の小説が受賞した挨拶の台詞なんだけど、トロフィーを持って出て「有難う」と言ったあとの、「この賞をいただいて」というのがどうしても出てこない。このままだとパニクると思って、「本当に有難う」って言いながら袖に行ったら、舞台監督が台本広げて待ってた。

渡辺　あれ、最終日だったから、気がゆるんだの？

小日向　いや、出る前に大きなクシャミをして、笑って出て行ったら飛んだんだね。

渡辺　この芝居は最初、市村正親[21]さんと白石加代子[22]さんでやって、私たちは第二弾だったから、市村さんが大阪のときに観に来てくれたりね。

小日向　ずいぶんいろんなところでやったね。山形にも行ったし。

渡辺　長崎では、「長崎の人、どうしちゃったの？」っていうくらい、受けたシーンがあったわね。床をこう拭いた雑巾をバケツに放りこんで、ジャバジャバ、ギューッて絞った水をそのままコップに入れて、ポールに飲ませるシーン。

小日向　ワァーッ、ってすごい悲鳴が上がったね（笑）。えりちゃんがもう吹きそうになって芝居できなくなって。

渡辺　こんなに受けるのかと思った。

小日向　バケツに仕切りを入れて、こっち側で雑巾絞って、こっちのきれいなほうの水をコップですくって僕に飲ませているんだけどね。

渡辺　あれ、いまだに忘れられないわ。本当に二人だけの芝居で、私がどんな球を投げても何をやっても楽しそうに受けてくれる小日向さんはすごいと思った。この神経の柔軟さ、いい意味での強靱さが素晴らしいと思った。中には、球がちゃんとここへ来ないと許さない、っていう人もいるでしょ。

小日向　やっぱり人間と人間のキャッチボールだから、相手を尊重して立てないといけないと思うんだ。それがないと絶対うまくいかないよ。

渡辺　なるほどね。

小日向　でもえりちゃんが怒ると何かおかしいんだよな、笑っちゃう。

あのころあだ名は「火山」

関　近ごろえりさんが丸くなった、という評判を耳にしますけど、そうなんですか？

渡辺　もしかしたら、長い長い十年間もの更年期障害が終った、ということもあるのかも。

小日向　そんなに長かったの。

渡辺　そう。最近は昔許せなかったことも気にならなくなった。昔は千秋楽に芝居を変えたりふざける人が嫌いだったの。千秋楽も同じ料金払ってるお客様に失礼だっていつも言ってたのに、最近全く怒らなくなった。

小日向　そうだ。『ザ・ファイブ・オクロック・ガール』のときのひげ事件。

渡辺　よく憶えてるわね。あのときは、相手役の役者と舞台で毎回ラブシーンの振付があって、当時は恋人もいなかったし、本当にその人が好きになっちゃったのね（笑）。それなのに、千秋楽にひげつけて出てきたの。

小日向　楽日《らくび》にちょっとふざける風習があったからね。そしたら私の恋人役なのに変なひげなんかつけて、許さない、って怒りまくってたね。

渡辺　打ち上げの二次会は私のマンションでやったんだけど、あのときは、私、金持ちの令嬢役だったんで、その感じをつかむために豪華マンションに引越して、初めて家政婦さんを雇って、役作りしたの。当時で家賃四十万くらいの。

小日向　えーっ、本当に。何か月？

渡辺　三か月くらい。それというのも、その前に『ドレッサー』[23]（八八年）という芝居に出たときに、イギリスから来た演出家に、「君は貴族の役なのに八百屋のおばさんにしか見えない」って言われたのよ、本当に（笑）。あの芝居は、三國連太郎さんが老シェイクスピア役者で、私はその夫人。加藤健一[24]さんが付き人（ドレッサー）の役で。

小日向　それで豪華マンションに（笑）。でも俺、その打ち上げに招《よ》ばれてないよ。

渡辺　そうだった？　あの時は私の愛人役だった川﨑麻世さんと夫役の佐山陽規《はるき》さんやダンサーの方たち十人くらい。斉藤由貴ちゃんも来てくれたよ。窓から見える満月を見て、こんなマンションに住みたいって……。

小日向　そのひげの恋人役は？

渡辺　来てたか分からない、許せなかったから（笑）。でも、このごろはそんなこと気にしてるより、自分の役を深めなきゃいけない、人を批判してる間に自分が勉強すればいいんだ、って思えるようになったから。

小日向　よかったね。基本的に、けんかしたら芝居はできなくなるからね、自分のためにも絶対けんかしちゃだめなんだよ。

渡辺　そうね。私、『ドレッサー』のころはイギリス人の演出家に「火山」ってあだ名つけられてたから（笑）。今思うと恥ずかしいけど、なつかしい。いろいろトラブルがあって、でも三國さんが今日は本当によかったよ、泣けたよ、って言ってくださったときは、嬉しくてほっとして熟睡して、そうしたら、次の日に大遅刻して。

小日向　えっ、劇場どこ？

渡辺　サンシャイン劇場。私の第一声で始めなきゃいけないのに。

小日向　誰も迎えに来なかったの？

渡辺　そうなの。劇団員も一緒に出ていたんだけど、いつも私が開演二時間前に来て柔軟体操してたのに、誰も気づかなくて。そのときは豊川（悦司）くんが一緒に出ていた。

小日向　そうか、豊川くんもいたんだ。

渡辺　すぐ人気が出て、新宿の小劇場で公演しても、女性ファンが花束持って裏で待ってて、「これ豊川さんに渡してください」ってくらい（笑）。

小日向　座長のえりちゃんに。

渡辺　そう（笑）。当時から華があって色っぽかったんだと思うよ。当時は豊川と遠藤（靖）と毎日朝まで飲んでたなあ……二人とも聞き上手だったんだなあ……どこかスキがあることも色気のひとつだものねえ。

小日向　そうだね、何か惹かれるものがあるんだね、この人いい、っていう。そういう意味じゃ舞台って残酷だよね。映像と違って、お客さんは好きなところを観るからね。主役が朗々と台詞しゃべってたって、こっちで気になる人をずっと観てる、というお客もいる。そこがまた面白いところなんだけど。

バイト後、朝五時の発声練習

関　小日向さんの、張らないでもちゃんと客席の奥まで届くという発声は、鍛錬《たんれん》ですか？　それとも持って生まれたもの？

小日向　多分、父の声を受け継いでると思いますね。父は禅宗の坊さんでしたから、お経の先導をするくらい声が響いた人らしいので。

よく、芝居を観に行くと、ひゅっと引きつけられる声というのがありますね。客席に飛んでくる響きとか独特のつやとかね。
関　それはあながち美声でなくてもいいんですよね。チャーミングなら。
小日向　そう。発声練習はよくしてましたね、僕は。自由劇場って、六本木のガラス店の地下の狭いところだったんだけど、本当に自由に使えたから、延々と稽古やってました。二十五歳くらいのとき僕、劇場の向かいのゲイバーでバイトやってたけど、朝五時に終るとまた劇場の鍵開けて、一人で発声練習。
渡辺　以前はみんなそうで、朝の始発まで稽古してた人もいたものね。その時代と十年違うだけで、終電に乗り遅れるから帰ります、ってみんな帰っちゃう。
小日向　帰って風呂入ります、なんて言う。僕なんか、リュックの中に石けんとタオル入れといて、夕方の休憩にご飯食べるか風呂に入るか迷うぐらいだった。
渡辺　そんな感じ。私も一か月お風呂に入れなくて泣いたこともあるからね。
小日向　だからそう考えると、僕らの時代はきつかったけど、あの経験は大きかったね。今の若い人たちにそうさせようとしたら……。
渡辺　気が変になる（笑）、みんな。私たちのころってそこまで追いつめられても平常心でいられたでしょ。だからもし万が一戦争にでもなったら、今の若者はどうなるだろうね。

小日向　もうだめだろうね（笑）。

関　これから舞台での共演の予定は？

小日向　えりちゃんの新作で、再来年やるんですよ（一九年の『私の恋人』）。僕、初めてえりちゃんの作品に出るんです。

渡辺　今、劇場どこにするか、考えてるところなんです。大きいとこか小さいとこかでいろいろ変ってくるんで。

小日向　楽しみにしてるからね。よろしくお願いします。

註

（1）『ザ・ファイブ・オクロック・ガール　5時の恋人』　1927年にブロードウェイで初演され、日本では92年に斉藤由貴主演で上演された。藤田朋子、渡辺えり子、小日向文世らが出演。

（2）『阿呆劇　フィガロの結婚』　95年に沢田研二と吉田日出子主演で初演された串田和美演出のミュージカル。『阿呆劇　三文オペラ』（93年）につづく串田・阿呆劇の第2弾。

（3）『ミザリー』　スティーヴン・キングが87年に発表したサイコスリラー小説。雪道で自動車事故を起こした人気作家ポールが、元看護師の愛読者アニーに助けられるも……エスカレートする狂気を描き、アメリカで映画化もされた。05年に渡辺えり子(当時)と小日向文世の二人芝居で舞台化。07年に再演。

（4）『マック　ザ　ナイフ』　85年スパイラルホールのオープニング公演として上演された佐藤信の脚本・演出、林隆三、毬谷友子主演のミュージカル。「――『三文オペラ』より」という副題が付く。

（5）串田和美　88頁（14）参照。

（6）吉田日出子　89頁（22）参照。

（7）佐藤信　43年、東京都生まれ。俳優座を経て、66年に自由劇場を創設。68年に設立された演劇センター68（現・劇団黒テント）の中心的演出家、劇作家として全国公演を展開。

（8）毬谷友子　60年、東京都生まれ。宝塚・雪組娘役を経て、舞台や映画を中心に活動。主な舞台に『Sessue雪洲』『真夏の夜の夢』『弥々』など。

（9）『おしん』　83年4月から84年3月まで放映されたNHK連続テレビ小説。山形の寒村に生まれたおしん（小林綾子・田中裕子・音羽信子）が激動の時代を苦難に耐えて経営者として成功するまでを描く。橋田壽賀子の原作・脚本によるオリジナル作品で、最高視聴率62・9％の大ブームを巻き起こし、テレビドラマの金字塔とされる。奈良岡朋子がナレーション、泉ピン子、伊東四朗らが出演。

（10）自由劇場　89頁（21）参照。

（11）『HERO』　木村拓哉主演で01年放映のフジテレビ系「月9」ドラマ。型破りで正義感の強い検察官と、松たか子演じる検察事務官コンビの捜査活動を描く。小日向文世、八嶋智人らが出演。

（12）三谷幸喜　61年、東京都生まれ。日大芸術学部在学中に劇団を立ち上げ放送作家としても活動。94年『古畑任三郎』の脚本でブレイクし、『王様のレストラン』などヒット作を手がける。『ラヂオの時間』『THE 有頂天ホテル』の映画監督、『鎌倉殿の13人』などのドラマ脚本ほか精力的に活動。

（13）『オケピ！』　三谷幸喜作・演出のミュージカル。架空のミュージカルを上演中の舞台下にある「オーケストラ・ピット」の様子が舞台上で展開する。真田広之、戸田恵子、小日向文世らが出演。

（14）『クスコ』　串田和美演出、吉田日出子主演の舞台。平安時代の薬子の変を題材に、ヤマベ王の第一王子アテノと、アテノに見初められたクスコの愛を描く。

（15）『イカルガの祭り』　斎藤憐の古代史劇第2作。本多劇場のこけら落とし興行第3弾として初演。

（16）『ガラスの動物園』　母子家庭の一室を舞台に、息子トムを語り手として母と姉、家族の意味を問う会話劇。ハリウッドで2度映画化され、文学座でも62年の初演以来何度も再演される。

（17）長岡輝子　1908年、岩手県生まれ。パリで演劇を学び、帰国後、文学座で演出を担当。戦後は芥川比呂志らと「麦の會」を設立。女優としても映画出演多数。10年、102歳で没。

（18）『シベールの日曜日』　62年製作のフランス映画。監督セルジュ・ブールギニョン。記憶喪失の青年と少女との純愛ドラマ。アカデミー賞外国語映画最優秀作品賞を受賞。

（19）スティーヴン・キング　47年、米メイン州生まれ。「ホラーの帝王」の異名を持つアメリカを代表する作家。長編『キャリー』『シャイニング』『IT』『ミザリー』『グリーンマイル』ほか、映画『ショーシャンクの空に』『スタンド・バイ・ミー』の原作となる作品も執筆、著作のほとんどが映像化されている。

(20) 美輪明宏　１９３５年、長崎県生まれ。銀座のシャンソン喫茶「銀巴里」での歌手時代に、その美少年ぶりが注目され、歌手、舞台俳優、演出家となり、のちテレビタレントとしても活躍。

(21) 市村正親　49年、埼玉県生まれ。劇団四季の看板俳優として代表作の『オペラ座の怪人』をはじめ舞台多数に主演。90年に退団後も演劇界の第一線で活躍。『ミザリー』は98年に初演している。

(22) 白石加代子　62頁プロフィール参照。

(23) 『ドレッサー』　第二次大戦の空襲警報下のロンドンを舞台に、劇団の座長が病院送りになるなか今夜の『リア王』公演の幕を上げようと座長の付き人（ドレッサー）が孤軍奮闘する。88年の公演では三國連太郎が座長を、付き人を加藤健一が演じ、18年には加藤健一が座長を演じた。

(24) 加藤健一　49年、静岡県生まれ。70年代から劇団つかこうへい事務所の作品などに出演。80年に加藤健一事務所を設立後は本多劇場での定期公演を中心に活動。若手俳優の育成にも取り組む。

第5幕

野村萬斎

麻実れい

「美と品格を求めて」

野村萬斎 × 麻実れい

のむら　まんさい　１９６６年、野村万作の長男として東京都に生まれる。幼少から狂言の舞台に立ちつつ、90年には『ハムレット』主演など幅広く活動。94年、萬斎を襲名。朝ドラ『あぐり』、映画『陰陽師』で人気を博した後も、劇場の芸術監督や舞台公演と多方面に活躍。

あさみ　れい　東京都生まれ。70年に宝塚歌劇団入団。雪組男役トップスターとなり、85年に退団。以降はミュージカルや古典・翻訳劇など舞台を中心に活躍し、海外公演も多数行う。読売演劇大賞の最優秀女優賞に2度（96年と11年）輝くなど受賞多数。20年、旭日小綬章受章。

狂言方和泉流の能楽師で、演出家で、俳優としても常に注目を集める野村萬斎さん。元宝塚トップスターにして、現代演劇界で今も大輪の花のような存在の麻実れいさん。そのお二人が二〇〇四年にギリシャの古代劇場で蜷川幸雄《にながわゆきお》演出による『オイディプス王』の晴れ舞台に立った。これは日本の演劇史上にも特筆されるべきことで、当時の状況をつぶさに語り合うあたりは、とても読み応えがあると思う。

そして三島戯曲の『サド侯爵夫人』を、蜷川演出に対抗して萬斎さんが演出する話。前者が全員男優でロココ風衣装だったのに対して、後者の麻実さん（サン・フォン伯爵夫人）の着る衣装はレザーの超ミニスカートで網タイツ。

話題が二点に集中していて、詳細にわたり場面がいちいち目に浮かんで、大変興味深かった。

場の空気を変えるくらいのオーラ

関　お二人の共演は蜷川幸雄[1]演出のギリシャ悲劇『オイディプス王』[2]（〇二年）で本場のギリシャ公演まで果たされて、強烈な印象でした。その後萬斎さん演出による三島由紀夫の『サド侯爵夫人[3]』（一二年）にも、麻実さんがサン・フォン伯爵夫人で好演なさっています。

萬斎さんは俳優として演出家として、共演前の麻実さんをどうご覧になっていましたか？

萬斎　演出をする人間として言うなら、麻実さんほど重宝な、というか貴重なというか、こんな役者さんは滅多にいないでしょうし、同じ役者としての立場から言うと、ちょっとずるい、と思うくらい恵まれている（笑）。

麻実　そんなことないですよ（笑）。

萬斎　とにかく立っていらっしゃるだけで違うし、声を発しただけで違う。僕の役者の理想形ですね。立ってまずその人が場の空気を変えるくらいのオーラとか、声を聞いたときに、特別に意味がなくても凛とした音として場の色を変える存在としてある、というのが僕は役者の理想形であると思うので、麻実さんはまさしくそれを体現していらっしゃる。

本当に手も足も長くて、顔の造作もしっかりしていらっしゃるし、声ものすごく強いし。敢《あ》えて表面的なことを言いますけど、大概の役者さんは麻実さんのそばへ行くと、かすむって誰しもが思うことですよ。

麻実　いえいえ、思いませんよ。大きいと悪目立ちするんですよ。

萬斎　そんなことないですよ。それは『オイディプス王』でご一緒して、ものすごく感じるところでした。『サド侯爵夫人』のサン・フォン伯爵夫人という非常に難しい役をしていただくのも麻実さん以外にないな、っていう思いでした。

関　『オイディプス王』がお二人の初顔合わせですよね。

ソフォクレス作の『オイディプス王』は、ギリシャ悲劇の最高傑作と言われている。放浪の旅を続けていたコリントスの王子オイディプスは、スフィンクスの謎を解き、前王の妻と結婚して隣国テーバイの王となる。疫病が蔓延する中、アポロンからくだされた神託は「前王ライオスを殺した者を捜し出し、血の穢れを払え」というものだった。やがて忌まわしい過去の真実が表に現れる。

麻実　そうです。最初にお会いしたのがポスター撮りで、その時は二人だけだったんですけど二人とも、かなりアートなメーキャップをされたんです。それがびっくりする程お似合いでとっても美しかった……。目頭にあしらった鳥の羽根が印象的でした。

そしていよいよ稽古始め。蜷川さんとの顔合わせがあったんですけど、とにかく全員が驚いたのは、大体台本を素読み、というのが普通なんです。私たち役者の中にただ一人お狂言の世界から入られた萬斎さんだけが、もう憶えていらしたんですよ、台詞を。それも、鍛え上げた朗々とした声で語り始めたとたん、オイディプス王が君臨してましたね！　みんな驚いてしまって、自分たちはまだ何にも用意していないのに、あまりの完成度の高さにちょっと待ってよ、っていう感じでした。

萬斎　いやぁ、そうでしたっけ。

麻実　そうですよ。私の役のイオカステはオイディプス王の妻なんだけど、実はその母でもあった、という大変なお役。しかも前王ライオスを殺したのもオイディプスだった、という、すごい壮大な内容の悲劇を、東京のシアターコクーンで終えて、ギリシャのヘロディス・アッティコス(4)という古代劇場に立たせていただいた、というのが、もう本当に役《やく》者冥利《しゃみょうり》に尽きる思い出で、忘れられない公演になりました。

新宿からギリシャへ

萬斎　ギリシャ公演の前に新宿の花園神社の社頭で公演がありましたね。わざと真夏の暑い暑い日本の野外で。

麻実　縁起担ぎでしょうね！　蜷川さんは海外公演の時は花園神社で一回だけ通しをして、そしてギリシャへ出発するというのがいつも決まってらしたみたいですね。神社の前で参拝者が自由に行き交う中で何とも言えない不思議な雰囲気でした。

その日はもうとにかく暑くて、私は出待ちの時は日傘をさしてましたけど、萬斎さんはずっと出ずっぱりだったから、大変でしたでしょう。

萬斎　ええ、でも僕は薪能《たきぎのう》(5)とか夏の野外で装束着てやってますからね。

関　ギリシャの野外劇場は、夕方からの開演でしたか？

麻実　そう、それで助かりました。お月様がまん丸で、まるできれいに焼けた目玉焼きの卵の黄身のような大きなお月様が、グーッと上がってくるんですよ。鳥は自由に飛んできれいにさえずるし、やがて銅鑼《どら》がガーンと響くと開演。あの感じは何とも言いようがありませんでした。

萬斎　そうでしたね。五、六千人も入るんですが、そういう大きな劇場で、大きな演技をしなきゃいけないかと思ったら、演技エリアはそんなに大きくなくて、すぐ近くにお客さんがいる。そしたら蜷川さんに呼ばれて、すぐ近くのここにカメラがあると思って繊細な演技をしろ、と突然変えられて、夜中に特訓させられました（笑）。

麻実　それは大変でしたね。でもあの大きな場所なのに、声をあまり張らないでもコロセウムの一番上まで通るというのは、昔の文化のすごさですね！　驚きました。

萬斎　そうですね。とにかく人、人、人の壁、というか、雲霞《うんか》のごとく人がいる。その人の壁がそのままずうっとせり上がって、その向うにアクロポリス神殿が小さくあってね。蜷川さんは日本にいる時から、その神殿に向って声をとどろかせるんだ、という感じでしたね。

麻実　そこに向って叫べ、って。

萬斎　そうそう、思い出した。あの時、今をときめく吉田鋼太郎[6]が……ときめいてますよね（笑）。

麻実　朝ドラの炭鉱王以来（笑）。

萬斎　彼は麻実さんのイオカステの弟、クレオンの役だから、本当は僕の叔父さんになるのかな。でもその時はまだそれをわかってない。それで二人が対立して小競り合いしているところに、麻実さんが出てきて、「お黙り！」みたいな一喝がすごかった。吉田鋼太郎と僕がふっとそこで喧嘩が終わる、っていうね。あのすごい直線的な声を出して、よく声がもつな、と思った。

麻実　そうそう、鋼太郎さんって夢中になると、演技と本気がわかんなくなっちゃうところがあるよね（笑）。萬斎さんの顔合わせの本読み第一声を聞いて、一番焦ってたのは鋼太郎くんよ（笑）。そのあと急に頑張ったもの。

萬斎　あの芝居はとにかく大変で、気持ちが飛んでないとできない芝居だった。それでその日の公演が終わると、毎晩それこそ吉田鋼太郎と飲みに行く。僕そんなに酒強くないのに、あの時はいくら飲んでも酔わない。お前、テキーラ百杯飲むのか、って、言われるくらいに。

麻実　二人でつるんでたわけね（笑）。

萬斎　あのころは二人とも若かったから。彼のほうがちょっとお兄さんですけどね。

関　役者さんて、本当に身体を張ってるんですね。強いお酒でも酔わないくらいに。

麻実　私達二人共肝臓が強くて良かった。もう完璧に肉体労働者ね、私達は。精神労働でもあるんですけど、肉体面のほうがきついかな。骨組みのしっかりした作品に出ることが多い私でも、ギリシャ公演は大変でした。

萬斎　あの時はコロス（合唱隊）ものすごい勢いで、五体投地《ごたいとうち》という身体を地面になげうって、痛めつけて、一種の集団ヒステリーの状況にいる。するとこっちも相互作用で、過酷な激痛感の中にいる。最後に僕が自分で自分の目を突いてイターイ、イターイ、と叫びながら去って行くときに、ものすごい呼吸音をコロスに聞かせようと思って、特に吸う音をすごく強調してたら、途中でおかしくなって。

麻実　そうそう、過呼吸になったのね。

萬斎　大阪の公演の時だったかな。カーテンコールの途中で、救急車に乗りました。生まれて初めて。

麻実　萬斎さんの悲痛な「イターイ、イターイ」はまだ耳に、そして心に残っています。

萬斎　蜷川さんに「言葉が天空に飛んでくように言ってくれ」と言われて、すごい発見だった。人間の並の痛さではなく、運命とか存在とか神への抗議も含めて痛いと言え、というか、そういうふうに声を放つんだ、って。

この過酷な芝居を渋谷のコクーンで一日二公演もしてた時、麻実さんは公演の合間によくお散歩に出てましたね。

麻実　ええ、いつもの事ですけど何か気分転換しないと息詰まっちゃって、精神的過呼吸になりそうなんですよ。それでコクーンでの公演の時はいつも抜け出して閑静な街中を散歩して松濤《しょうとう》の小さな公園、そこで全てから離れて、いったんオフの状態にして、改めてスイッチオンしないともたないの。テキーラの代りですよ（笑）。

萬斎　女性は麻実さん一人でしたし。

麻実　多分蜷川さんは私を女と見てませんからね。まったく男だけの舞台と思って作ってらしたんじゃないですか（笑）。

関　『サド侯爵夫人』を蜷川さんが男優だけで演出なさったことがありました。サド侯爵夫人のルネが東山紀之さん、その母親モントルイユ夫人が平幹二朗さん、そしてのちに麻実さんの演じることになるサン・フォン伯爵夫人が木場勝己さんでした。

『サド侯爵夫人』は三島由紀夫作の戯曲。十八世紀末の十六年余の歳月を描く三幕からなる。サド侯爵夫人のルネ、その妹のアンヌ、その母親モントルイユ夫人、家政婦のシャルロット。そして二人の訪問客シミアーヌ男爵夫人とサン・フォン伯爵夫人の六人による華麗な台詞の応酬で、フランス革命当時の背徳的な貴族の生活が徐々に浮かび上がってくる。

萬斎　僕が『サド』を演出するなら、ルネが蒼井優[7]さん、母親役をあちらが平さんでいかれるなら、白石加代子[8]さんかな、という感じ。サン・フォンはやっぱり台詞が言える役者じゃないとつとまらない、ということから麻実さんでした。

蜷川さんは男性にいかにもあの時代のロココの衣装を着せてましたけど、僕はもうちょっと近代的にしたいと思って、麻実さんには格好いい衣装を。

麻実　もうデザイン画を見てびっくりしました。黒のレザーの超ミニのスカートで、網タイツ（笑）。でも、それを見た時に、サン・フォンのこういうイメージを狙っていらっしゃるんだな、というのがわかりましたけどね。

関　かつてのベニサン・ピット（東京・江東区にあった小劇場）の『サド』では、麻実さんがルネで、玉三郎[9]さんがサン・フォンでした。

麻実　あのサン・フォンの衣装はすごかったですね。大時代で、大きな帽子はカラフルな鳥の羽根がたくさん付いてて。私、玉三郎さんの衣装着せていただいたことがあるんですよ。『黒蜥蜴《くろとかげ》』（八四年）を拝見しに行って、ちょっと楽屋へ伺ったら、「着てみる？」って、黒いドレスを着せてくださったの。そうしたら直しなし、すべてぴったりなの。

萬斎　面白いですね。でも手は麻実さんのほうが長いでしょう。

麻実　いえ、もう胸のあたりもぴったりで、恥ずかしいくらい。それでイメージがつかめてた事もあって、私が『黒蜥蜴』（〇六年）を演じたとき、すごく楽でした。私がルネを演じたときに、玉三郎さんのサン・フォンと対面しているので、やっぱりすごいな、いつか私も演じてみたいな、と思ってたら萬斎さんからお話をいただいたので。

萬斎　そうだったんですか。

修飾の多い三島の台詞

麻実　私は宝塚卒業後の十年間、外国人の演出家としか組んでなかったんですよ。デヴィッド・ルヴォー[10]、アラン・アッカーマン[11]など。なのでずっと日本語の表現というのが自分にはできてるのかなという不安があった。それで萬斎さんの演出を受けさせていただいた時に、とにかく日本語をきちんとしゃべる。主語、述語、この修飾語は何にかかるのか、というのを改めて勉強させていただこうと。機会を与えて頂きよかったなと思ってます。

萬斎　三島の文章というのは、堅固な建造物のように非常に修飾が多いので、総てを無駄なくしゃべるためにはものすごい努力が必要だと思う。無駄に長いなと思わせたらおしまいで、何がどの言葉を修飾しているのかを含めてきちんと言い切れないと、三島に負けてしまう。

で、その台詞をまず言い切ること。そしてまた動き回ると言葉が霧散することもあるので、それをある程度制限しないといけない。

麻実　それであの小さなテーブルに……。

サン・フォンの一番の演じどころがあるんですよ。それをこの台の上で好きなようにやって、と萬斎さんがニコニコしながらおっしゃって。もう仕方がないと覚悟を決め大胆に始めてみました。このでかい女が網タイツ姿で台詞言いながらのたうち回る、というね(笑)。

萬斎　つまり動き回るんじゃなくて、狭いテーブルの上だけで、ある程度身体に負荷をかけるとか、多少エロティックなポージングを含めた、あれは一種のポールダンサーというのかな。柱があって、ストリッパーが踊るような。語りとしてはなまめかしく、性に対する描写があるので。それはおみごとに演じていただきましたよ。

麻実　いやいや。でも、与えられた高いテーブルの小さいスペースの上でも、やっぱり美しく見せないと。どんな角度から見ても美しくなくちゃいけない、という気持ちはありました。これはもしかしたら、宝塚で学んだ一つかもしれませんね。

萬斎　そうかもしれませんね。しかし僕も勉強のために麻実さんの『かもめ』（〇八年）のアルカージナを観に行ったりしてましたけど、あのころからもう完全に男役を卒業して、非常に女性的だったんじゃないですか？

麻実　何作か女を演じてきて、サン・フォンはやっと性というものを出せるようになった時期とぶつかったのかもしれません。恥ずかしさとかを感じてたら絶対できないし。

萬斎　鞭《むち》も派手に鳴らして。

麻実　そう、鞭って、ピシッピシッと鳴り響くんですよね。その音って、ズーンとくるじゃないですか。何とかいい音を出そうと思って、日夜、家で稽古を重ねて、さあ本番で頑張ろうと思ったら、萬斎さんが、鞭をもう少し短いのに変えたいんだけど、って。

萬斎　そうでしたっけ（笑）。

麻実　せっかくいい音が出るようになったので、それだけは断固拒否しましたね。小道具一つでも自分の身体の一部だし、表現ですからね。

関　萬斎さんはもう十五年間も世田谷パブリックシアター[12]の芸術監督でいらっしゃいますが、その中で麻実さんとの関わりは。

萬斎　『AOI／KOMACHI』（〇三年）でしたね。

『AOI／KOMACHI』は、三島由紀夫が能「葵上」と「卒都婆小町」などを元に描いた『近代能楽集』をベースにした現代劇。川村毅《たけし》[13]が作・演出し、野村が監修をした。能の物語を現代によみがえらせる試みで、『AOI』は美容院を舞台にしたストレートプレイ。

麻実　そうでしたね、萬斎さんは監修という形でしたかね。今日は萬斎さんが稽古をご覧になる、という時は緊張しましたけど、あのキャスティングにも参加なさってる？

萬斎　ええ、麻実さんは『AOI』の六条御息所《ろくじょうのみやすんどころ》で、カリスマ美容師の光源氏が今をときめく長谷川博己《ひろき》[14]（笑）。

麻実　ご一緒した方々が、皆さん今をときめいてますね。

萬斎　最初は女性だけでやろうとしてたのを、それじゃあ御息所と源氏のレスビアンみたいに見えるから男性にしてくれ、と僕が言って、長谷川博己になった。

麻実　まだ研究生みたいな感じでしたよね。

萬斎　そう。川村さんが可愛がってた坊やみたいな感じでした。

あの作品は好評で、再演する時にやっぱりあいつじゃ力不足だから替えようか、みたいなことをわざと長谷川に聞こえよがしに言った。多分、麻実さんの芸術選奨か何かの受賞パーティで、『AOI』もその受賞理由に入ってますよね。だから長谷川も来ていて、あとでホテルのバーで飲みながらそんな話をしたら、長谷川がすごい勢いで酒を注文して、僕と川村さんに飲ませ続

けた。

麻実　降ろされたくなかったのね（笑）。

萬斎　それでみごと再演も彼でした。

麻実　川村さんの作品に出るに当って、公演の御案内をいただいたんですけど、芝居を観に行こうかと思ったら、その日の新聞に大きな写真が載って、牢獄みたいなところにランドセルをせおったセーラー服の少女がしがみついてる。これ観ちゃったらちょっと私、引いちゃうかもしれない、と思って、観ずに飛び込むことにしました。その方が私には良かったかも。川村さんの演出がとても新鮮でした。

萬斎　ええ、だから僕は思うんです。芝居作りって、脚本家や演出家がやりたいこと、たとえば川村さんの『ＡＯＩ』だったら、三島のエロチシズム、性的な表現を、どう美しく芸術的に昇華させるかというのは、役者の質にもあると思う。単なる欲望とか煩悩のようなものを、本当に芸術に押し上げられるかどうかは、役者の質が決めるところもあるような気がするんです。それはやっぱりある品格を持って育った役者じゃないとできない。

川村さんにとっても、女子高生、セーラー服ではない素材に出会った時に、崇高な中にエロチシズムを感じさせることが、うまくいった作品なんだな、と僕は思うんです。どうしても自分の仲間内で、自分の趣味の中でやってしまうと、やっぱりそこにとどまってしまう。ところが、そういうものを敢えて排した宝塚とか能狂言の世界というのは、下ネタを下ネタとしてそのまま見せない。ほぼ裏側に隠し切りますよね。見た目のお下劣感より、中にあるエロチシズムにどれだけ昇華していくか、ということなので、僕は『AOI』の時、いい組合せだったな、と思いました。

麻実　あの作品にも光と御息所のセックスシーンがあったんですけど、長谷川君少し緊張してたので好きなように、自由にやって、って言ったんです。そのひと言で全然変わりましたね。あのようにどこか美しく見せないといやです。

私はいただいたシーンも役も美しく、魅力ある人間として仕上げてあげたい、それが汚れ役であっても、といつも思ってます。演出家、衣装デザイナー、その他のスタッフそれぞれと相談し合って、役にふさわしく作るというのが私の土台なんです。

萬斎　今はインターネットを開ければ手軽に面白いものがいくらでもある。でも、人間の美意識を生で感じる経験は、わざわざ劇場に足を運ばない限り、得られない。僕らが目指すところは、そこしかないのかな、という気がしています。

五輪の年にオイディプス王を

関　世田谷パブリックシアターでの最近の麻実さんのお芝居では、中東レバノンの内戦に材を採った『炎　アンサンディ[15]』（作・ワジディ・ムワワド）があります。プログラムに萬斎さんのご挨拶が載っていて、親子の愛情、人間の根源をも問う壮大なギリシャ悲劇『オイディプス王』を想起する、とありました。

麻実　ああ、あの作品は三時間程の時間内にあれほどの内容を詰めこまなきゃならないんで、出演者みんなの希望で一日一回公演にしていただきました。

三年前の初演で、演出の上村聡史《かみむらさとし》[16]さんが毎日芸術賞などをいただいたんで、早く再演が決まったんですが、最後につけ加えたいところがある、って上村さんが。それでなくてもすごい台詞量だったので私、これ以上いやだって言ってみたものの、読んでみたら、初演の辛いまんまの終り方じゃなく、お客様に安堵感の中やさしさと暖かさを残していけるので即答しました、言わせてと。

萬斎　麻実さん扮《ふん》する主人公のナワルは、ずっと世間に背を向けて生きてきた女性なんですね。そのナワルが言う台詞。

「一緒にいられることほど美しいものはない」って。宝石のような台詞ですね。

麻実　すごく詩的な台詞。そして再演で自分の好きな男の名前を叫び続けて終る。やっぱり再演させて頂き深みが出るのが嬉しいですね。

萬斎　初演を上回らないと再演の意味がないですからね。あそこは世田谷区の公共劇場なので、使い捨てにならない長く味わえる演劇をかけ続けていきたいと僕は思っています。

関　今後、お二人の共演というのは何か考えられるんでしょうか。麻実さんは玉三郎さんと裄丈《ゆきたけ》が同じということから、玉三郎さんが演じられた『天守物語』[17]（作・泉鏡花）の天守夫人は？

萬斎　ああ、すぐにできますね。でも僕が若い鷹匠の姫川《ひめかわ》図書《ずしょ》之助《のすけ》というわけにはもういかないでしょう。年齢的に。

麻実　そんなことないですよ。十分に。

萬斎　僕は、自分がやるかどうかは置いといても、オリンピックの年に『オイディプス王』をやれたらいいなあ、と思っています。今度は誰が演出するのかということも含めて、神との対決、コロスをどう扱うか、全体のスケール感をどう出すのか。

麻実　萬斎さんが演出なされば？

萬斎　『オイディプス王』の後日譚《ごじつたん》で『コロノスのオイディプス』[18]という作品があるん

ですよ。目をつぶした老人になったオイディプスが娘のアンティゴネーと出てくる短い作品なんですが、蜷川さんが作った『オイディプス王』にそれをくっつけて上演するのも面白いかな、という気がしています。

麻実　萬斎さんがあの壮大なスケールの蜷川演出を受け継いでいかれるのも素晴しいことだなと思うし、楽しみですね。

萬斎　それには麻実さんのような、強靱な肉体と精神と声を持った役者を選ばないと。そうそう、僕がオイディプスに選ばれる時、蜷川さんに「ちょっとそこに立って」って言われた。

麻実　ああ、そう。

萬斎　あのギリシャの空間に立てる身体をしているかを見られたんですね。僕は体幹は強いほうで、それだけは取柄《とりえ》ですけど、ギリシャのあの何千人かの観客に周りを取り囲まれて、声はこちらが放つけれども、全員の目がこの一点に集まる、それに耐えて立てなきゃいけない。

だって、格闘技場と劇場がほぼ同じ形なわけですからね。空がワァーッと抜けていて、上にアクロポリス神殿があるところなんだから。

麻実　そういう場所では嘘も見えちゃう。作ってるっていうのが全部見えちゃう。神聖な場所なんですね。だからあの時代の役者というのは、人間の心の痛み、肉体の痛みを癒すほどの貴い立場の者だったわけですよね。

そういうところに立たされると、帰ってきてからも自分の立場を考えさせられますよね。ただ自己満足で演じるんじゃなくて、観客それぞれの方に何かしらメッセージをお届けできないと、って思う。

萬斎　また何かご一緒したいですね。

麻実　嬉しいですね、待ってます（笑）。

註

（1）蜷川幸雄　1935年、埼玉県生まれ。69年に演出家となり小劇場運動期に若者層の支持を得る。以後、『近松心中物語』『NINAGAWA マクベス』など現代劇から古典まで多くの話題作を演出。積極的な海外公演で国際的な評価も高く「世界のニナガワ」と呼ばれる。16年没。

（2）『オイディプス王』　古代ギリシャ三大悲劇詩人ソフォクレスの代表作。オイディプス王が、父を殺して母を娶るという忌まわしい預言が知らぬ間に実現しているのを見出す過程を描く。蜷川演出の同作は76年初演だが、シアターコクーンでの02年公演では野村萬斎、麻実れい、吉田鋼太郎らが出演。

（3）『サド侯爵夫人』　三島由紀夫の全3幕からなる戯曲。獄中の夫サドに貞淑を貫くルネ夫人と、その母で娘に離婚を迫る虚飾に満ちたモントルイユ夫人との対立を軸に、女性6人で展開する台詞劇。

（4）ヘロディス・アッティコス　アテネ市内のアクロポリス南西の丘陵斜面にあるローマ式の野外音楽堂・劇場。紀元161年に創建されたと伝わる。

（5）薪能　鎌倉期からつづく興福寺の修二会に起源をもつ、夏の夜などに周囲をかがり火で照らして野外の能舞台で演じられる能楽のこと。

（6）吉田鋼太郎　59年、東京都生まれ。蜷川幸雄作品の常連俳優としてシェイクスピアやギリシャ悲劇などの舞台で高い評価を受ける。『半沢直樹』でブレイク後は、ドラマ、映画などでも大活躍している。

（7）蒼井優　85年、福岡県生まれ。『フラガール』『彼女がその名を知らない鳥たち』『スパイの妻』など映画を中心に演技派女優として活躍。12年の野村萬斎演出『サド侯爵夫人』ではルネ役で出演。

（8）白石加代子　62頁プロフィール参照。

（9）玉三郎　五代目坂東玉三郎。50年、東京都生まれ。歌舞伎界を代表する立女形。同時に舞台や映画出演のほか、創作舞踏や映像監督などで世界的に知られる。12年、人間国宝。

(10) デヴィッド・ルヴォー　57年、英レスター生まれ。82年『日陰者に照る月』など舞台演出家として早くから活躍。宮沢りえ主演『昔の日々』や中谷美紀主演『黒蜥蜴』など日本での仕事も多い。

(11) アラン・アッカーマン　44年、米ニューヨーク州生まれ。リチャード・ギアやアル・パチーノの舞台作品を演出。佐藤オリエや麻実れい主演作の舞台演出など日本でも多くの仕事を残した。22年没。

(12) 世田谷パブリックシアター　三軒茶屋駅前キャロットタワー内にある97年開場の公共劇場。02年から22年まで野村萬斎が芸術監督をつとめた。

(13) 川村毅　59年、東京都生まれ。80年に劇団第三エロチカを結成し、脚本・演出を担当。『新宿八犬伝』で岸田國士戯曲賞、『４　ｆｏｕｒ』で鶴屋南北戯曲賞を受賞。

(14) 長谷川博己　77年、東京都生まれ。文学座研究生から舞台俳優となる。03年『ＡＯＩ／ＫＯＭＡＣＨＩ』の光役で注目され、映画『シン・ゴジラ』や大河ドラマ『麒麟がくる』で主演をつとめる。

(15)『炎　アンサンディ』　祖国レバノンの内戦を背景に、家族のルーツを解き明かしていく姉弟の旅路を描く戯曲。14年初演時から高い評価を得、17年の再演では麻実れいが菊田一夫演劇賞大賞を受賞。

(16) 上村聡史　79年、東京都生まれ。文学座研究所を経て、『焼けた花園』で初演出。『炎　アンサンディ』『ボビー・フィッシャーはパサデナに住んでいる』で読売演劇大賞最優秀演出家賞ほかを受賞。

(17)『天守物語』　坂東玉三郎の舞台化が有名な泉鏡花の戯曲。白鷺城天守閣の異界の姫の恋を描く。

(18)『コロノスのオイディプス』　ソフォクレスがオイディプス王のその後を描いたギリシャ悲劇。放浪の果てにアテナイ近郊の森に辿り着いたオイディプスの死までを描く。神の采配の非情さとみずからの運命を嘆く『オイディプス王』に対して、「神との和解」が示されているとされる。

第6幕

吉行和子 小林薫

「久世さんの笑い声」

吉行和子 × 小林薫

よしゆき　かずこ　東京都生まれ。劇団民藝と日活映画での活躍を経て、69年にフリーとなり、『3年B組金八先生』『ふぞろいの林檎たち』など数多くのテレビドラマ、映画や舞台、さらにはエッセイなどで多彩に活躍。母は朝ドラ『あぐり』のモデルとなった美容師の吉行あぐり。

こばやし　かおる　1951年、京都府生まれ。71年から状況劇場で活躍し、80年に退団。83年『ふぞろいの林檎たち』出演以降、人気俳優として多くの映画やドラマ、CMなどで活躍。86年の『恋文』に続き、08年『東京タワー』でも日本アカデミー賞の最優秀助演男優賞を獲得。

京都から出てきて唐十郎の紅《あか》テントと、鈴木忠志の早稲小の芝居を観たことが、この道をめざすきっかけとなったという小林薫さん。

唐十郎の『少女仮面』の手書きのガリ版台本を見て血が騒ぎ、民藝からアングラに転じた吉行和子さん。彼女の数々の蛮勇とも言える決断には、いつも驚かされている。

和子さんの民藝調の芝居が『少女仮面』演出の鈴木忠志氏の猛烈なダメ出しに遭う、という件《くだ》りで、「そのありきたりにうまくないところを見込まれたのに？」という私の発言がきっかけで、小林薫さんや名演出家の故・久世《くぜ》光彦《てるひこ》氏が「吉行は下手」と言った、そのニュアンスをめぐって話が盛り上がる。

「下手とか不器用とかは、純粋とか無垢とかに置き換えられますね」と言ったら和子さんが喜んでくれて、この対談のおかげで永年の言いわけが出来て嬉しかった。

唐さんの手書きの台本

関　今日は吉行和子さんのたってのお望みで、小林薫さんにご登場いただくことになりました。小林さんを選ばれたのは、芝居とか人生に対する感覚とか考え方に共鳴できるから？

吉行　そうね。

小林　もっとほかにいいとこあるでしょ。

吉行　いい加減なところ（笑）。

小林　他には？

吉行　いえね、いつも戯《ざ》れごとばっかり言っていて……。それはとっても楽しいんだけど、ここらで、しっかり小林薫の真面目なお話も伺いたいな、と思いまして。

小林　また、突然。

吉行　薫さんの自由なところ。どこにいても自由よね。それが、芝居をしていると、色っぽくなるの。そこら辺が知りたい。久世さん[1]のドラマでは必ず私が薫さんを好きな役なのよね。いくら嫌われてもくっついていく役ばっかりやってたから、もし私がぼけたら、「私の最後の男は小林薫だった」って言うような気がするから、笑って許してね、ってお願いしてあるの。

小林　僕にもっと男として甲斐性があったら、吉行さんをそういう立場で迎えなきゃいけなかったんだけどなぁ（笑）。

今年（一八年）は、昭和を代表する名演出家の久世光彦の十三回忌にあたる。脚本家・向田邦子[2]とのコンビなどで数々のヒット作を手がけ、戦前戦後の男女や家族の情感を描いた。久世作品でも共演のある二人が、デビュー間もないアングラ演劇時代から、久世演出の思い出までを語り合った。

関 私は吉行さんの民藝[3]時代、デビューの『アンネの日記』（五六年）だけは、ダブルキャストの別の方（三井美奈さん）で観てしまったんですが、それから、アングラに転じられて唐十郎さんの『少女仮面』[4]（六九年）以降はほとんど追っかけです。小林さんの唐さんの芝居は、一度不忍池でなさったのを観たことがありますけれど。

小林 ああ、『二都物語』[5]（七二年）ですね。舞台の後ろが開いて、池の中から水しぶきを上げて出てきたりする。

関 はい。それで今日は、まずはアングラ演劇について語っていただきたいのですが、吉行さんが民藝を退団したのはいつ頃？

吉行 十五年間民藝にいて、六九年に唐さんの『少女仮面』を読んだがためにその魅力につかまっちゃって。それが転落の第一歩だったんですけれど（笑）。

関　転機の一歩でしょう。

『少女仮面』は実在する宝塚の大スター、春日野八千代を主人公に、彼女が営む地下防空壕の喫茶店に集まる人々を描いている。状況劇場(6)を率いる唐十郎(7)が早稲田小劇場(8)のために書いた戯曲で、戦争の影が色濃く感じられる。白石加代子(9)演じる八千代に憧れる少女・貝《かい》役として、吉行は劇団をやめて出演した。

小林　それ、どういう血が騒いだんでしょうね。僕は何人かの新劇の方を知ってるけど、そこまでアングラ芝居にグーッとカジを切った人って、珍しい気がする。

吉行　そうね、私の性格もあるのかもね。民藝で何不自由なく育てられて、きちんと製本された台本いただいて、この中でだんだん上手になっていければ、とずっと思っていたのに、あるとき（早稲田小劇場を創立した演出家の）鈴木忠志(10)さんから唐さんの手書きのペラペラの台本が送られてきて、これに出ませんか？　と言われた途端に、もうこれは避けて通れない、という気がして。

小林　唐さんの戯曲をどう読まれたんですか？

吉行　読んでも本当にわかんなかったの、どういう話なのか。だけど、言葉に魅力があるし、聞いたことがない言葉がいっぱいあって。それと唐さんの手書きの台本から伝わる何かがあった。

小林　唐さんの生原稿は大学ノートなんかにちっちゃな字で書いて、それを劇団員が清書し直して、ガリ刷りにするんです。

吉行　じゃあ、それね。何これ？　っていう感じだったけど、新しい世界が目の前にパアーッと開けて、もうカアーッとなって。私は（民藝創設者の一人）宇野重吉[11]さんを尊敬してたし大好きだったけど、でも、唐さんや鈴木さんが、大劇団をぶっつぶさない限り日本の演劇は変らない、って新聞にバンバン書いてた二人組だということくらいは知ってたの。だから、この芝居に出るのなら民藝にはいられないなと思って。それで宇野さんに電話して、話がある、って言ったら、すぐ来なさい、って。夜だったけど、柿の木坂のお宅へ伺ったら、宇野さんがソファーの上にあぐらかいて座り直して、「それって、ルンペンになることだよ」って。

小林　その言葉もすごいね。でも、芝居やるってことは、当時はルンペンになることじゃなかったんですかね。

吉行　だって民藝はもう立派な劇団ですもの。宇野さんたちも昔はルンペンか知らないけど、民藝が確立して、劇団員にも新劇でちゃんとギャラが出るようになったところだった。これからじゃないかって宇野さんがとっても悲しそうな顔をしたの。

翌日、劇団員全員集められて、「吉行が退団して、今度唐十郎と鈴木忠志のところへ行きたいそうだ」って宇野さんが言ったら、「どんな奴らかわかってんのか」って、怒鳴る人もいて。

小林　当時のアングラ二大巨頭だものね。

吉行　そしたら宇野さんはやっぱり偉くて、「役者が自分のやりたいものを見つけたのはいいことで、それを尊重して送り出してやろうじゃないか」って言ってくれたの。

小林　そうおっしゃったんですか、やっぱりすごい人ですね。

麿赤兒さんに衝撃を受けて

関　吉行さんの決断はいつも大胆で驚かされますけど、小林さんが京都から上京して、唐さんの紅テントに入ろうとなさったきっかけは。

小林　もうずいぶん昔の話になるけど、やはり吉行さんみたいに、芝居の言葉がすごく鮮烈だったのがきっかけかな。東京に出てきて、紅テントと、鈴木さんの早稲田小劇場を観た。早稲田小は早稲田の喫茶店の二階にあった。紅テントは吉祥寺の銭湯……もう壊しかけていて、後ろの富士山のペンキ絵だけ残してもらって、そこにテントを張って夏だけ芝居やっていた。僕は夏休みで、それを観たわけです。『ジョン・シルバー　愛の乞食』(12)（七〇年）というタイトルでした。麿赤兒《まろあかじ》(13)さんが出てて、そのせりふに、ものすごい衝撃を受けたんです。

吉行　麿さんね、舞踏家の。

小林　ええ、彼が昼間は緑のおばさんの恰好で公衆トイレにいるんだけど、日が暮れるとそこはキャバレー豆満江《ずまんこう》になる。そこにガードマンの恰好をした十貫寺梅軒《じゅっかんじばいけん》さんがやってきて、トイレを使おうとする。すると麿さんがひしゃくでその頭を叩いて、「いきなり人んちのトイレを使うとは」となじる。「だってここは公衆トイレだろ？　公衆の公はおおやけって書く。終戦直後じゃあるまいし、公衆トイレで営業するなんて」と言う。すると麿さんが、「君にとって戦後とは何かわかって言ってんのか」って言うんですよ。

吉行　それが衝撃なの？

小林　ええ、当時の文芸誌的なところに出てくるフレーズと全く違う角度から聞こえてきて、それがものすごくおかしくて、そういう言葉がほかにいくつかあって、もう熱に浮かされたような状態になって、それで京都に戻ってお金ためて、翌年四月に上京して。それが十九歳のときです。

でも、入団試験は半年後だから、と言われて。一瞬迷いましたけど、おとなしく承知して京都へ帰りました。

吉行　ふーん。

小林　京都でも、彼らが出町柳の三角公園なんかで芝居することがあって、夜、後ろのテントが開いたときに、鴨川沿いに三条大橋方面の京都の町がキラキラして、何かこう、日常が違う景色に見えてくる。まさにもう、熱に浮かされた夢遊病患者のようになっちゃった。

吉行　それまでは芝居やってなかったの？

小林　大阪の一番老舗っぽい新劇の関西芸術座の養成所に、一年間通っていました。

吉行　知らなかった。初めて聞いたわ。

関　唐さんのところの入団試験って、どんなことをするんですか？

小林　僕のころはシンプルで「私と演劇との出会いについて書け」という筆記と、あとは面接です。受けた男性は少なくて、男で入ったのは僕だけでした。

吉行　根津甚八[14]さんも一緒じゃなかった？

小林　根津さんは僕より年が四つ上で、劇団のキャリアは二年半くらい僕より長いんですよ。僕が観た『愛の乞食』でも、三番手くらいの二枚目役で出ていたし、僕が入ってからの『二都物語』では、もう麿さんはいませんでしたけど、根津さんは幹部っていう感じでしたよ。

吉行　私が観たときは、薫さんは兵隊みたいな恰好して出てきましたよ。

小林　それは『二都物語』のオープニングですね？

関　私が観たのもそれで、不忍池から役者たちが出てきてびっくりしました。

小林　ええ、大久保鷹[15]を先頭に、舞台の裏で机を背負って客入れの間、ずっと待機しているんです。すると唐さんが出てきて、「これより開幕」という口上を述べると、同時に大音響でオープニングの曲が鳴る。客がもう一気にヒートアップして。そして夕暮れどきの池から大久保鷹たちが上がってくるんですけど、小学校にあるような木の机で、引出しの中に水がたまってるから、舞台の上にブワーッと滝のように水があふれ出てくるんです。それはもう、芝居の演出とかを超えて、何かすごいことがそこに起ってるように見えちゃうんですね。

関　若いころの（中村）勘三郎[16]さんが夢中になるはずですよね。

小林　ずっと後になって飲み屋で会ったら、歌舞伎も本水《ほんみず》使ってたんですよ、それを現代劇でやってるのは紅テントだけですね、って。すごく情熱的に僕に語った。それがコクーン歌舞伎や、平成中村座[17]につながってくるんですね。

民藝調の芝居からの転換

関　吉行さんは民藝からいきなりそういうアングラの世界に飛びこんで、戸惑いはなかったんですか？

吉行　大ありでした。私を受け入れてくださった向こうにもあったんじゃないかしら。『少女仮面』は白石加代子さんと私とで芝居始めるんだけど、あまりにも私が民藝調の芝居しかできないわけですよ。育ちが悪いな、って言われて、鈴木忠志さんに（笑）。

小林　それをどう克服したんですか？

吉行　もう、忘れもしない。地下の喫茶店に狂女となった白石加代子がいて、そこへ少女の私が降りていくというシーンがありました。そういう初めての場所に来た演技は民藝でいっぱい勉強してるわけ。でも、それをやると鈴木さんが怒る。いろんなパターンを何十回やっても気に入らなくて、椅子を投げてきたりする。そんなことされたら余計できないのに、と思ってると、加代子がその椅子をそーっと足でどかして、私が通れるようにしてくれてる。ああ、こういう世界に私は来ちゃったんだな、と思って、それから腹をくくりましたね。

小林　つまり、そういうダメ出しに対して、もうあんまり繊細にならない、ってこと？

吉行　ええ、被告人みたいな気持ち。もう棒立ちでしたけど、そこだけ何日間もやるうちに、何となく鈴木さんの気に入る雰囲気になったんじゃないかしら。

何十年かたって、あのころ唐さんが言ってたということを聞いたの。「吉行がわかんないから俺の芝居をめちゃくちゃにしている」って（笑）。

小林　へえー（笑）。

吉行　でも公演は好評で、一か月だったのが二か月に延びたのよ。

関　だって、吉行さんのありきたりにうまくないところを見込んで、鈴木さんがスカウトしたわけでしょうから。

吉行　あなた、昔から私のこと下手だってよく言ってたわね。薫さんもそうよ（笑）。

小林　それなんですよ。ここで正しておかなくちゃならない。もともとは、久世さんが「吉行は下手だよな」って、よくおっしゃってたんです。向田邦子ドラマなどをやっているときに。でもその言い方にすっごく愛情がある。くっくっくって笑いながらモニターを指して、「吉行下手だよな」って言う。愛がこもってて、嫉妬を覚えるぐらいなんですよ。これ、いつか使いたいと思って、吉行さんの何かのパーティのときに、事務所の社長とかお母上の（吉行）あぐり[18]さんの前で、スピーチで「吉行さんは下手ですから」ってやった。そしたら、その場がシーン……としちゃったの（笑）。

吉行　母が怒ってたわよ（笑）。

小林　シーン、の後に何かする術《すべ》を持っていれば、「実はですね」と続けられたのに、それがなくて。何か取り繕うようなことを言ったとは思うけど。そしたらあぐりさんが、うちの娘に何てことを、って怒っておられたってあとで聞いて、謝ることができないうちに亡くなってしまわれて。

吉行　社長だって、営業妨害だって怒ってたわよ。

小林　だからこの際、あれは僕の表現の仕方がまずくて、愛情の裏打ちが伝わらなかった、とはっきりさせておきます。

吉行　でも、いまだに現場に入ると何をしていいかわからなくなることがあるのよ。ともかくせりふだけは憶えていくんだけど。

小林　吉行さんの演技を拝見していると、あんまり生活との落差がないような気がする。生き方がちょっと下手なところがあるんじゃないですか？　上手な生き方って何なのかと言われると困るけど、いろんな話聞いてると……。

吉行　やだ、何の話をするの？

小林　ほらオトコとのいろいろ。普通はもう少し器用にすり抜けられるんじゃないかと思ったりして。

関　下手とか不器用ということは、純粋とか無垢とか、いいほうに置き換えられますね。

吉行　まぁ、そういう風に思って下さる方がいるから、この歳まで役者をやってこられたんですけど。

小林　でも久世さんには色気がある、って言われたとか。

吉行　そうそう、久世さんは私のゆがんだところを面白がってくれたのね。

小林　そういう意味では、受け止めてくれる人の存在がないと、役者はなかなか成立しないんですよ。名キャッチャーがいないと。

『浮雲』は二人芝居のはずだった

関　お二人の舞台での共演は、岩松了[19]さんの『浮雲』[20]（九五年）がありましたね。小劇場での二人芝居かと思っていたら、シアターコクーンでの上演でした。

九五年、小林は、劇作家・岩松了と、演劇ユニット「タ・マニネ」[21]を立ち上げた。第一回公演は『浮雲』。林芙美子の原作や成瀬巳喜男監督の映画では、第二次大戦後にインドシナから引き揚げてきた男女が最後に屋久島にたどりつくが、舞台ではその屋久島から話が始まる。小林にとっては十五年ぶりの舞台で話題を呼んだ。

吉行　そう、私、岩松さんにだまされたのよ。「小林薫さんが十五年ぶりに舞台をやる気になったから出ない？　二人芝居書くから」って言われて。

小林　初めて聞きます、本当ですか。

吉行　本当よ。映画の森雅之さんの役が薫さんで、女と屋久島へ流れて来て、そのヒロインは病気でずっと寝込んでて、私は土地のおばさんなの。男の面倒をいろいろ見てる間の、何かじめじめした関係を描きたい、って。私、ものすごく嬉しくなっちゃって期待していたら、何か月かして、「劇場が取れなくてコクーンだから、やっぱり二人芝居は無理です」って。

小林　スズナリみたいな小劇場で二人芝居だったら、ちょっと雰囲気変わってましたね。

吉行　そうなの。おまけに私の役の名前がノブで、「ノブさん」と言われると「野ブタ」に聞えたりね（笑）。

小林　慌て者のおばさんで、柱に頭をぶつける。「あ、こんなところに柱が」って言って倒れるシーンがあって。

吉行　本当に倒れないとＯＫが出ないのよ。もう怪我しちゃって。

小林　あのとき吉行さんを見て、凍りついたんですよ。ちゃんと歩けないんです。

吉行　私、不器用だから、本気で倒れなきゃ気分が出ない。芝居で出来ないのよね。

小林　岩松さんのあのころの演出は千本ノックという言葉があるくらいで、同じシーンを繰り返し繰り返しやらせる。「こういうニュアンスで」とかではなくて「もう一回、もう一回」がずーっと続く。すると一日に百回ぐらいこけなきゃいけない状態になるじゃないですか。ここは置いといて、とりあえず先行こう、じゃないんです。

吉行　もう、ボクサーみたいな気になっちゃって、夢中で挑むのよね。

小林　舞台って、稽古始まると日常とはちょっと気分が変るんですよね。ハイテンションになるというか、異次元にずうーっとはまりこんでいくようなところがあるんで、終ってしばらくたつと、あ、こんな時間を過してたんだ、ってなる。人との関わり方もかなり濃密になったりしますものね。

関 今後、舞台に出るおつもりは？

小林 舞台って、ずっとやり続けていないとダメな気がする。だからもう僕のほうから手を挙げて芝居やりたいです、ということはなくなりましたね。

関 吉行さんは、舞台からは引退ですか。

吉行 五十年やったので、もういいか、って感じになっちゃったからね。十三年間、一人芝居の『MITSUKO――ミツコ 世紀末の伯爵夫人』[22]（九三〜〇五年）を続けて、あ、舞台ってこういうものなんだな、というのがわかってきたんで、あと一本何かやったらやめよう、と思った。そしたら『アプサンス――ある不在』[23]（〇八年）というロレー・ベロンの戯曲を見つけて、ある不在、あ、いいわ。私もこれで舞台から不在になるんだ、と思っちゃったの。

関 共演といえば、吉行さんと小林さんだけで旅する雑誌の企画がありましたね。

小林 そうそう、どうしてそんな企画が通ったのか。黒川温泉と由布院への二人旅。由布院では名旅館にいい部屋を二つ取ってくれて、スタッフは別の宿だった。「これじゃ間違いが起きるよね」って言ったら、「あなた、私の部屋にこない」って、スタッフの女性を呼んじゃった、吉行さんが。

多分そういうふうにでもしないと、自分のほうからふらふらっと僕のほうに来たりするといけないから、自分で一線を画して、ね。

吉行　……。

関　何か反論は？

吉行　楽しかった（笑）。

久世さんの優しさと厳しさ

脚本を担当した向田邦子とコンビを組み、『時間ですよ』『寺内貫太郎一家』などのヒット作を手がけた久世光彦。向田の急逝後は「向田邦子新春シリーズ」（TBS・八五〜〇一年）を正月の恒例番組として演出する。

関　お二人の印象に残っている、久世さんのエピソードを語っていただけませんか。

吉行　私が若いころは、色気っていうと、障子開けて首傾げて「今晩は」みたいなのを色気だと思ってる監督がいるわけよ。私はそういうのとても下手で、ＯＫも出ないし二度と使われないみたいな。そういう人がずいぶんいたの。で、久世さんと会って初めて伸び伸びできたし、別に色気を振りまいたわけじゃないのに、わかってくれた。

小林　亡くなられてみると、ちょっとほかにそういう方はいらっしゃらないな。たとえば色気一つにしても、わかりやすかったり、媚びるようなものを、久世さんは求める人じゃなかった。

僕はよく言われたんですよ。「おまえな、どこが悪いっていう問題じゃないんだけどさ、色気がねえんだよ」って。そういうときに、僕は僕で、今から思えば若気の至りですが「色気だぁ？」と反抗する気持ちがあって。男が色気なんて気持ち悪いと思うわけですよ。それで、ジャズ奏者の役をしたときに「芝居で色っぽくできないので、ブルーのアイシャドウいれてもいいっすか？」って言って（笑）。劇団ではやっていたけど、テレビではありえなかった。

関　それで本当に入れたんですか？

小林　久世さんは、それをダメだとか言う人じゃないんですよ。これがまた。うふっふっふっ、て抜けた歯を見せて、それを笑うんです。

『響子』[24]という作品で、田中裕子さんと共演したときのことも思い出します。愛宕《あたご》の石材店が舞台で、田中さんがそこの娘で、僕が職人だった。二人っきりのシーンのとき、口づけではなくて、持っていた石の欠片《かけら》を口に含ませて渡したらどうかと、田中さんが提案したんです。久世さんは、うーんと唸ったけど、結局やった。そしたら、あの方も粘り気のある唾液を石に含ませて渡したもんだから、意図してかどうか、すーっと糸のように唾液が伸びたんですよ（笑）。それを丁寧に撮って、すごく喜んだ久世さんをよく覚えている。役者のそういうアイディアも喜んでくれる、懐の深い人でした。そのたびに救われた感じがしました。

吉行　それは分かる気がしますね。

小林　演出もとてもユニークで、家族ドラマの稽古場で、初日なんかに稽古を長時間止めるんですよね。

それぞれの役者の思惑が立ってくると、バラバラで家族の感じが出てない。そういうものを消して、家族だなって思わせるシーンにしていきたいって言う。そのために久世さんは一時間くらい、必ず自分のエピソードを語るんです。「喫茶店にいたら、昔つきあってた女が赤ん坊を抱いて俺の前に来てね」なんて話を。その彼女に声をかけたら、何も言わずに出て行ったらしいけど、え？ 俺にわざわざ赤ちゃんを見せにきたということは……と。

すっごく面白おかしく。作り話かわからないけど、そういった話を身を切って話して、みんなの緊張を解く。その時間を過ごすと、家族を演じる者たちがふわっと、何となく共有しているものができて、家族になれる。

関 小林さんは、田中裕子さんはもちろん、加藤治子[25]さんとも、よく家族をやってましたね。

小林 「向田新春シリーズ」ね。僕が長いこと家に帰らなかった父親で、治子さんはかなり年上なのに僕の奥さん。裕子さんとその妹二人ぐらいが平和に女家族の正月をやっていて、そこにかつての旦那が侵入してきて波風がザワザワと立つ。でも、いろいろあって、僕は寝床に迎えられるんだけど、治子さんのその迫り方というのが、かなりの色気というか（九九年『小鳥のくる日』）。

吉行 怖い（笑）。

小林 しばらくそういう濃厚な男女のシーンを治子さんもやってないもんだから、すっごく張り切っている感じがあった（笑）。

吉行　ほんと、面白かったですね、久世さんは。それに、本当に面白い役をくださったんですよ。ものすごく悪い奥さんとかね。でも、ずっと言われ続けた。下手だとか、せりふは三行までしか言えないね、とか。

小林　そのあと、やっぱり、うふっふっふっふっと笑うでしょう。

吉行　チャーミングだった。

小林　あのころ、久世さんは女優さんに厳しかったですよね。僕が驚いたのは、「新春スペシャル」で、映画で賞も取られて演技に定評のあったある女優さんのことを「ああ、あいつでも、同じこと二回はできねえか」って言うんですよ。最初の演技はよかったけど、二回、三回はできねえのか、っていうことですね。そういう厳しいところがある。

吉行　あるわね。

小林　男にはそういう言葉を投げかけている現場ってあまり見たことがないんだけど。

吉行　でも、玉置浩二[26]さんは『キツイ奴ら[27]』のとき、ずい分怒られていて、薫さんが一生懸命説明してあげてたわよ。

小林　俺はそれ、忘れちゃったな。

吉行　親切だな、と思ったわ。

小林　彼も慣れなくて、プレッシャーがあって、一度リハーサル室にあがって来なくなったことは覚えてる。スタジオの地下駐車場までは来ていると分かって、「ちょっとお前行ってやってくれ」って頼まれて。なんで俺が？　って言ったら「お前の意見だったら聞く」というわけよ。

吉行　やっぱり（笑）。

小林　結局、誰かと行ったら、ちょうど玉置が上がってきて、何事もなかったように稽古が始まった。彼からは全然連絡ないときもあれば、何年かに一回いきなり電話をかけてきて、そのテンションが高いんだよ。「玉置ですー！」って。

吉行　（笑）

小林　彼は、久世さんとやった芝居、ドラマのことが忘れられないって言うんですよ。見返しましたか、ってきかれて、僕はドラマのシリーズをもう一回見直したりしないけど、彼は一から全部見たと。歌うシーンなんて楽しくて楽しくて、ものすごく面白かった、とか言って。

　それも何か、久世さんというキャラクターと結びついているから成立するんだなと、思うんですよ。別の演出家の作品だったら、玉置もそうはならないんじゃないか。久世さんは、そういう引っ張る力、引力があるんだなと僕は思っているんです。

吉行 あの笑い、もう一度聞きたいわね。

小林 ああ、久世さんのとこに電話したくなったな。

註

（1）久世光彦　１９３５年、東京都生まれ。ＴＢＳの演出家・プロデューサーとして『寺内貫太郎一家』『時間ですよ』ほか向田邦子脚本で数々の名作ドラマを制作。独立後も、ドラマ・舞台演出のほか小説・エッセイなど執筆活動でも活躍。98年、紫綬褒章受章。06年、70歳で没。

（2）向田邦子　１９２９年、東京都生まれ。映画雑誌編集者などを経て脚本家に。ラジオドラマ『森繁の重役読本』、テレビドラマ『時間ですよ』『寺内貫太郎一家』『阿修羅のごとく』など数多くのヒット作の脚本を手掛ける。『父の詫び状』『思い出トランプ』など随筆、小説も執筆し、80年に直木賞を受賞。81年8月、取材旅行で訪れた台湾で飛行機墜落事故に遭い51歳で亡くなった。

（3）民藝　89頁（23）参照。

（4）『少女仮面』　90頁（25）参照。

（5）『二都物語』　72年3月に唐十郎が戒厳令下のソウル・西江大学構内で、抵抗詩人・金芝河の協力を得て秘密裡に初演。翌月、上野不忍池の水上音楽堂で日本初演され、朝鮮海峡に見立てた不忍池の中から大久保鷹ら「元日本兵」がずぶ濡れのまま舞台に這い上がって登場する演出が伝説となった。

（6）状況劇場　唐十郎らが63年に「シチュエーションの会」を旗揚げ、翌年改名して「状況劇場」と名乗った。67年以降、花園神社境内に紅テントを建てての公演や、中止命令にもかかわらず新宿西口公園で公演を強行して機動隊に包囲され逮捕されるなど、アングラ劇団の雄と目された。通称、紅テント。

（7）唐十郎　89頁（24）参照。

（8）早稲田小劇場　87頁（1）参照。

（9）白石加代子　62頁プロフィール参照。

（10）鈴木忠志　87頁（３）参照。

（11）宇野重吉　１９１４年、福井県生まれ。戦後、第一次民藝創設を経て50年に劇団民藝（第二次民藝）を創設し、中心的指導者としてほとんどの舞台で俳優や演出家をつとめる。並行して『愛妻物語』『第五福竜丸』『金環蝕』ほか多数の映画やドラマに出演。地方公演にも注力した。88年、73歳で没。

（12）『ジョン・シルバー　愛の乞食』70年初演の、「ジョン・シルバー」３部作のスピンオフ的作品。

（13）麿赤兒　43年、石川県生まれ。「暗黒舞踏」創始者の土方巽に師事したのち、64年に状況劇場に参加して看板俳優となる。退団後、72年から「舞踏集団・大駱駝艦」を主宰し、海外でも「ＢＵＴＯＨ」として認知を得るなど国内外で活動を展開。映画監督の大森立嗣、俳優の大森南朋は息子。

（14）根津甚八　47年、山梨県生まれ。『唐版　風の又三郎』（74年）の主役以降、状況劇場の看板俳優となり、ドラマ、映画でも二枚目俳優として活躍。16年、肺炎のため69歳で没。

（15）大久保鷹　43年、新潟県生まれ。65年、状況劇場がおこなった有楽町駅前街頭劇でデビューし、人気俳優となる。76年に失踪後、88年の唐組旗揚げに参加。ドラマや新宿梁山泊の舞台でも活躍。

（16）中村勘三郎　十八代目。55年、十七代目中村勘三郎の長男として東京都に生まれる。３歳で五代目勘九郎を襲名し初舞台。天才子役から歌舞伎界のホープとなり、コクーン歌舞伎、平成中村座のほかミュージカルなどでも幅広く活躍。05年、十八代目中村勘三郎を襲名。12年、57歳で急逝。

（17）平成中村座　五代目中村勘九郎（当時）を座主に00年、浅草・隅田公園の仮設劇場で江戸時代の芝居小屋の復活を期した歌舞伎公演。海外公演も好評を博し、六代目勘九郎を座主に現在も毎年行われる。

（18）吉行あぐり　１９０７年、岡山県生まれ。作家の吉行エイスケと結婚後、上京して美容を学ぶ。女手一つで３人の子（作家の吉行淳之介、女優の吉行和子、詩人の吉行理恵）を育て、98歳まで美容師を続けた半生は朝ドラ『あぐり』のモデルになった。98年、都民文化栄誉章受章。15年、１０７歳で没。

（19）岩松了　87頁（5）参照。

（20）『浮雲』　成瀬巳喜男監督、高峰秀子、森雅之主演で映画化もされた林芙美子の名作長編を、岩松了が作・演出で舞台化。95年初演され、小林薫、風吹ジュン、勝村政信、吉行和子らが出演。

（21）タ・マニネ　小林薫と岩松了の演劇ユニット。『浮雲』『悪戯』『ワニを素手でつかまえる方法』を公演。

（22）『ＭＩＴＳＵＫＯ――ミツコ　世紀末の伯爵夫人』　大間知靖子の作・演出による吉行和子の一人芝居。93年の初演以来13年にわたり、4度のヨーロッパ公演を含め各地で公演された。

（23）『アプサンス――ある不在』　08年、俳優座劇場で初演されたロレー・ベロン作、大間知靖子訳・演出の翻訳劇。

（24）『響子』　96年にＴＢＳ系で放送されたドラマ。原案・向田邦子、監督・久世光彦。老舗の石材店の長女と腕利きの職人の道ならぬ恋を軸に、家族の生き様が綴られる。主演は田中裕子、小林薫。

（25）加藤治子　１９２２年、東京都生まれ。文学座の女優として活躍しつつ、映画やテレビドラマの母親役で出演作多数。とくに向田邦子作品では重要な役を多くつとめた。15年、92歳で没。

（26）玉置浩二　58年、北海道生まれ。「安全地帯」のボーカル・シンガーソングライター。日本を代表するボーカリストで、ソロとしても活躍。テレビドラマ『キツイ奴ら』以後、映画やドラマにも出演した。

（27）『キツイ奴ら』　89年1月からＴＢＳ系で放送された久世光彦演出のドラマ。小林薫、玉置浩二、吉行和子、篠ひろ子、鷲尾いさ子らが出演。毎回、ギター弾き語りやデュエット場面があり話題を呼んだ。

梶 芽衣子

第7幕

西島秀俊

「悩んで笑って
真剣に」

梶　芽衣子

西島秀俊

かじ　めいこ　東京都生まれ。65年、日活に入社し、映画デビュー。マキノ雅弘監督の勧めで改名してのち、70年からの『野良猫ロック』シリーズ、72年からの『女囚さそり』シリーズ、さらに歌手として人気を得る。ドラマ『鬼平犯科帳』シリーズの密偵おまさ役でも親しまれる。

にしじま　ひでとし　1971年、東京都生まれ。92年、大学在学中に俳優デビュー。ドラマ『あすなろ白書』『純情きらり』で人気を博し、映画『ニンゲン合格』『Dolls』『CUT』などで高い評価を受ける。22年のアカデミー賞国際長編映画賞を受賞した『ドライブ・マイ・カー』主演。

大学工学部在学中に「何か違う」と感じて映画界入りしたという西島秀俊さん。それが正解で、最近の『ドライブ・マイ・カー』では多くの賞に輝いた。『きのう何食べた？』で共演した梶芽衣子さんは、西島さんの本質を「清潔感と品格」と評価している。

西島さんも『女囚さそり』や『修羅雪姫』の梶さんを見て、「すごい女優さん」と思っていたが、今回の共演で改めてその感を深めたという。

梶さんが語る『鬼平犯科帳』で大好きな中村吉右衛門と二十八年間の共演中、その手に触れたのは最終回で花束を渡して握手してもらったときだけだった、という話はほほえましく、また、西島さんが『日本侠客伝』などのマキノ雅弘監督を尊敬していて、京都へ墓参にも行った、という話はちょっと意外な感じがした。

会って話を聞いてみないと、人はわからないもの。

媚びないイメージ通りの母親

関　西島さんが二〇〇七年に『遠き恋人に関する調査[1]』というドラマに主演なさって、

それが私の『日本の鶯《うぐいす》』(2)という著書に関わるものだったので……。

西島　堀口大學さんのですね。

関　はい、若き日の大學先生が、画家で九つ年上のマリー・ローランサンと恋に落ちてそれが「遠き恋人」という話になる。

西島　僕はそれを検証しにパリまで行くジャーナリストの役でした。よく憶えています。ドキュメンタリードラマみたいな感じで。

関　あれからずっと西島さんに注目しておりますし、梶さんは『鬼平犯科帳』(3)の素敵な密偵おまさ役を長らく演じていらしたので、そのお話も伺いたいのですが、まずはお二人が母と息子を演じた『きのう何食べた?』(4)の話題から。

西島　『女囚さそり』(5)とか『修羅雪姫』(6)を見ていて、梶さんはすごい女優さんだなと思っていたんですが、今回ご一緒してみて、やっぱり思った通りの方でした。

梶　えーっ!?　どんなふうに?

西島　『きのう何食べた?』の台本を読んで、まず内野《うちの》聖陽《せいよう》(7)さんと話したことは、これは絶対に面白おかしくやることはやめようね、って。真剣に演じよう、と話し合っていました。それで梶さんにお会いしたら、最初に「私、これ真剣にやろうと思う。いくらでもコメディっぽくやれる本だけれども、私は真面目に演じて、それを見た人が滑稽に見えたり、悲しく見えたりするのは自由なんだけど」とおっしゃった。僕と内野さんが最初に確認し合ったことを、最初からポンと出されたんで、やっぱりすごい方だな、と思いました。

梶 あの本を最初に読ませていただいた時、私の出番は電話のシーンで「カミングアウトしたの？」っていうセリフなんですよ。「あなた、さっさとカミングアウトしちゃいなさいよ」みたいな。私、あのお母さんのそこが好きでね。普通はなかなかそうはいかない。このひと言のセリフで、ああ、このお母さんを演じたい、と思いましたね。

関 それでいて、お正月に男二人で来ると、ショックで、あとで倒れてしまったりするんですよね。

梶 そうなんですよ。そこらへんはやっぱり普通の母なんだけど、でもこのお母さんの好きなところは、息子を「そこまできっちり育て上げたわよ、私」という誇りを持っているところです。男として、弁護士としてちゃんと立派に自立してやっていますからね。

西島 そうなんですよね。本当に僕のイメージ通りの母親で。

梶 ちょっと孫の顔も見たいかな、とか、普通の母親みたいな思いもあるんだけども、でも、いいじゃないの、別に人格とは関係ないでしょ、私が理解してあげなかったら他に誰がわかってあげるの？　みたいな発想でやってますから、楽にスッと入って行けました。

西島　いろんなものに媚びない、という梶さんのイメージ通りの母親でしたね。深夜の連続テレビドラマで、もっとコメディタッチの演じ方が求められたかもしれないのに。

梶　真剣にやればやるほど、見ているほうはおかしいのよ。俳優が泣きすぎると、見てるほうは泣けなくなるし。

それは見るわ、絶対見る、って

梶　そこはやっぱり西島さんと内野さんがみごとで、嫌みがないじゃないですか。この手のドラマで、爽やかさがあるとか、クスッと笑えるとか、こういう大人のドラマってあんまりないような気がしますよね。

でも最初に本を読んだとき、よくこれがテレビの企画に通ったな、と。

西島　本当にそうですよね。連続ドラマになって、好評でスペシャルになって、今回劇場版になったので、もう当たり前みたいになってますけど、イン前は不安もありました。

でも、梶さんが、これ絶対うまくいくから、ってオンエア前におっしゃってくださってたんですよ。

梶　だって友人たちとたまに会食するんですが、私の仕事には関心のない人たちばっかりなのに、『きのう何食べた？』をドラマ化する、西島さんのお母さんやるの、って言ったら、あら、それは見るわ、絶対見る、って（笑）。

西島　本当ですか。

梶　郵便局の私の担当の子なんて、早く映画が見たい、って。

西島　郵便局の方も（笑）。有難いですね。

関　内野さんは思い切り自由にケンジを演じて、西島さんのシロさんがそれを品よく抑えてますね。その絶妙な組合せが実にうまくいってると思いました。

西島　内野さんは隙あらば、もっと生々しい瞬間というのを作りたがるんです。主にアドリブで作りたがるんで、それを僕が抑えていくことでちょうどよくなるのかもしれません。お互いがうまく引っ張り合って成り立っているんですね。

梶　あの内野さんの芝居を受けるほうは大変でしょう。西島さんはそれをみごとにやっていらっしゃる。清潔感と品格があるんですよ。この役は西島さんしか考えられないと思いますね。

西島　恐縮です。

梶　素晴らしいと思います。

西島　どうしてもこういうドラマでは、男同士というところを強調しがちなものですけど、普通に暮らしていて、普通に喧嘩したり仲直りしたり、親と解《わか》り合おうとしてどうしても解り合えなかったり、というのは別に普通にあることで。それが性別の属性とか、そういうものと関係なくあるということを、当たり前のようにやっただけです。

梶　その部分は見てる方が想像するのでいいと思うんですよね。でもその想像が見てる人によって全然違うと思うの。

テレビの何話目かで、これは見事だなと思ったのがありましてね、二人がちょっと言い争いみたいなことがあって、それから二人が階段を上がって消えていくのを下からカメラが狙ってるんだけど、そのときに西島さんが内野さんの手をさりげなくつかんだんです。ああいうところが見事だなと私は思いました。あんまり露《あら》わに出しちゃうとやっぱり引きますから。

西島 そうですね。原作の漫画も、もう十四年連載していて、その間に世の中の認識もかなり変わっていると思うし、連ドラが始まってからの二年間でまた大きく変わっていて、今あの連ドラを見たら、もうちょっとここははっきり表現してもよかったかな、と思うこともありそうですね。

梶 ときどきそこを感じてクスッとなったりね、大人のドラマなんですよね。

関 また、レシピが入るのがいいですね。

梶 そう、あれ助かるの。

西島 そうですよね（笑）。

梶 劇場版のラストは肉団子だったけど、あんなに簡単に出来るんだなと思って、作ってみたりしました。

母子役の次は恋人役⁉

関　お二人の共演というのは、この作品以外ではどんなものが。

梶　だいぶ前に『大奥』[8]というドラマがあったんですよ。

西島　そうですね。

梶　ところが西島さんはお殿様役で、私は下のほうの奥女中だったので、お辞儀してお迎えする、控えてる、それだけだったんです。絡むところはまったくなくて。

関　西島さんは年上の女性を好きになるドラマはなさってないですか。

西島　そう言えば、ないかもしれませんね。

梶　もう私とは無理でしょう。お母さんやっちゃったから。

西島　でも、今、内野さんとは朝ドラの『おかえりモネ』[9]に一緒に出てて、主人公のお父さんと気象予報士でバッタリ会うみたいな一シーンだけあるんですよ。あ、ケンジ！と思ったらどうしよう、と思っていたんですが、全然問題なかったですね。

梶　お互いプロなんですよ。

西島　だからきっと大丈夫ですよ、一回親子やってても。

梶　二人でそう思ったって、誰もそうだとは（笑）。

西島　いやいや、ご一緒したいです。

梶　気を使わなくていいのよ（笑）。

西島　しかし『きのう何食べた？』の現場、このメンバーで戦国時代の大河ドラマを撮れるよな、ってみんなで言ってたんですよ。梶さんがいて、内野さん、僕がいて、山本耕史[10]君がいて。その顔ぶれが真剣に小ぢんまりした家族の話をやっていたから、僕も現場へ行っていて、手ごたえがすごくありました。僕が家に帰って、梶さんとやり取りするところなんて、本当に繊細なシーンじゃないですか。毎回、やった！　撮り終えた！　という実感がありましたから。

梶　だけど私、内野さんが初めて家に来るでしょ。メーキャップして来ると思ってたら普通に男性の姿で来たでしょ。ということは普段は息子のほうが女性の格好なのかしらって。それがショックで。あらっ、て感じになったら、そしたらもう、笑っちゃったんですよ（笑）。これ、新人のときからの悪い癖で、笑っちゃうんですよ。そこにはまっちゃったら当分笑ってないと駄目。でも、息子の西島さんは優しい。全然怒らないで、大丈夫大丈夫、って。普通はイライラして怒りますよ。

西島　たしかに、内野さんがあの家に来るとまったく空気が変わるんですね。

梶　お食事のときに、やっと誤解がとけるんですね。そこで彼が数の子を召し上がるの。そのポリポリの音がまたおかしくて（笑）。だから私、現場へ行くとなるべくしゃべらないんです。

西島　笑っちゃうから？

梶　そう、笑うから（笑）。

マキノ映画に出たかった

関　梶さんの芸名の名付け親は、マキノ雅弘[11]監督だそうですね。

梶　そうなの、会社（日活）の方針で。それまで本名の太田雅子だったんですけど。

西島　え？　太田雅子さん（笑）。

梶　マキノ監督は高倉健さんや藤純子《ふじじゅんこ》（現・富司《ふじ》純子《すみこ》）さんの名付け親でもあるんですけど、先生が考えてくださった苗字が二つあって、梶芽衣子と桂《かつら》芽衣子。

西島　断然、梶がよかったですね。日活時代も笑ってましたか？

梶　そうね、でも（石原）裕次郎さんはあんまりおかしくないの。笑わそうとするんだけど、笑わせ方が下手なんですね（笑）。

西島 マキノ監督の現場なんて、おかしい人ばっかりじゃないですか。

梶 ええ、でもみんな緊張してましたよ。固まっちゃって。

西島 それであんな生き生きした映画になるんですか？

梶 だって生き生きしなかったらオッケーしませんから。

西島 その緊張感ですか。

梶 関西弁で怒るんで、言葉は柔らかいけど言ってることはきついから。余計緊張しちゃって。

西島 『日本残侠伝[12]』ですか？ 女郎役の梶さんが蚊帳《かや》に入る入り方を厳しく指導したとか。

梶 安女郎の役ね。それでお客様が津川（雅彦）さん。その蚊帳にスッスッと入るんだけど、うまくできないんですよ。かつらに引っかかったり、布団に引っかかったり。

西島　ああ、津川さんはマキノ監督の甥ごさんで、ご自分で映画を撮られたときはマキノ雅彦のお名前でしたよね。それで、雅弘監督は、女優さんの演技指導を全部なさった、と聞いてます。

梶　そうなの。着物の衿の合わせ方から歩き方から、娘と女房と、芸者と女郎ではこう違う、っていうのを全部教わりました。

関　西島さんは子どものころから映画好きでいらっしゃったから、マキノ作品も観ておられるんですね。

西島　ええ、チャンバラ映画もよく観てましたし、テレビの名画の番組はほとんど観てました。両親はチャップリンとかヒッチコックが好きで、録画してよく観てましたね。僕は最初に感動したのは『スター・ウォーズ　帝国の逆襲』を小学生のとき吉祥寺に観に行って。

梶　え？　小学生のときに？　やっぱり私、お母さんなんだわ（笑）。

私、西島さんの学歴見て、横浜国大の工学部生産工学科でしょう？　宇宙に行きたい、とか、どうしてそっちの方に行かなかったのかな、と思ったの。もったいないな、って。

西島　そうですよね。もったいない（笑）。でも大学に入って、なんか違うな、と思って。自分が後悔しない道って何だろうと思ったときに、映画があったんです。その世界に入ればそんなにお金がなくても後悔しないな、と。それで周りに、映画の撮影現場に潜り込みたいんだけど、と言ってたら、高校のときの先輩が、じゃあ写真と履歴書持ってこい、となって。その人のお陰なんです。

梶　それですんなり。西島秀俊さんて本名なのね。

西島　ええ、僕は芸名つけたかったんですけど、最初についたマネージャーさんが、ほかに若い俳優がいっぱい居た中で、姓名判断して、僕だけこの名前のまま行け、って。

梶　すっきりしていい名前じゃないの。

西島　長いし、憶えにくいし、いやだな、と思ってたんですけど。

梶　そんなことないですよ。でも西島さんは最初にお会いしたときから印象が変わらないわね、清潔で。

二十八年で初めて触れた手

関　梶さんは『鬼平犯科帳』にご自分から望んで出演なさったんですね。

梶　そうなんです。私は最初の頃は苦しいことばっかりで、楽しいと思うことはなかったんですが、四十二歳で『鬼平』に出逢って、二十八年間続けた間に、脇役の大切さとか多くを学んだ気がするんです。

西島　僕は今もずっと苦しいことが多いですけど（笑）。

梶　楽しんでやれるようになったのは最近のことですよ。増村保造《ますむらやすぞう》(13)監督の『曾根崎心中《そねざきしんじゅう》』(14)で、私、評価をいただいて、ひと区切りついたときに、増村監督に今後進むべき道をお訊ねしてみたことがあるんです。そしたら、歌舞伎だな、ってひと言。それで歌舞伎を観だして、吉右衛門(15)さんてすごい、と思うようになりました。で、ある朝、新聞を広げたら『鬼平』のことが出てて、これ！　と思った。だから、あれ、私には運命としか思えません。そのときはもう撮影は始まってたんですから、とてもレギュラーの役が残ってるとは思えなかったし、一話だけにでも、と思って、フジテレビの偉い方に直接お願いしちゃったんです。

西島　はあ。「媚びない、めげない、挫けない」がキャッチコピーの梶さんが。

梶　そう、こっちから歌舞伎へは行けないじゃない。それで向こうから映像の世界に来てくださるんだからこれは逃せない、と思って。そしたら登場する女の役で一番いい役のおまさ役に決まって。

とにかく吉右衛門さんの威厳、迫力、俳優としての大きさに触れて圧倒されましたよ。緊張しましたね。二十八年間のうち、その手に触れたのは、最終回のシーンを撮り終えて、私が花束をお渡ししたら、握手をしてくださって、あたたかくて大きな手だな、と思った、それが初めてでしたから。

関　『鬼平』が終わってもう六年ですか？

梶　そうね。それで最近は、なんだか楽しんでやれるようになりましたね。お仕事いただいて、現場に行くと皆さんお若いのよ。監督から何から。そういう若い才能の方たちと会って、それがとても新鮮で。

西島　そこが梶さんのすごいところですね。しっかりと自分を持ってる。

梶　あなたもやってるでしょう、好きなように。

西島　梶さんほどではないですが（笑）。でも、小さい事務所でやってるのも自由にやりたいからで。もう二十五年になりますけど。

梶　ああ、まだまだね。私のキャリアは五十六年ですから。今は悩んでていいのよ。

西島　そうですか。

梶　男子だしね。でも女子は年齢で大変なときがいっぱいあるの。男子はたとえばしわができようがどうしようが、素敵なロマンスグレーになったね、なんだけど、女優の場合はあの人も老けたね、になっちゃうのよ。

西島　そうかなあ。

関　西島さんはこれからどんな監督の作品にお出になりたいですか？

西島　もう三十年近く前に亡くなってるので、出演は叶わないけど、マキノ監督。僕は京都へ墓参りに行くほど好きなんです。

鶴田浩二(16)さんが一番マキノ監督のエッセンスをつかむのが上手だったみたいですが、僕はそういうプログラムピクチャーへのあこがれがあるんですね。何々組というのがあって、役者も同じで、ストーリーもほぼ同じ。でも何本か撮ってる中で、なぜかすごい傑作が生まれたりする。

梶　西島さんて任侠ものはやったことありますか？

西島　ないですね。『任侠学園』っていうコメディでちょっとやりましたけど。

関　悪人の役もないですね。

西島　ええ、悪人の役は周りにもちょっとやらせたい、と言われているのでいつかやりたいなと思ってます。

関　向田邦子ドラマの『空の羊』[17]で売れない小説家が女性編集者を誘惑してあっさり捨てる、みたいな悪人はなさってますね。

梶　色悪《いろあく》ですね。

西島　いつかやるんだったら、ものすごくいい人に見える悪人、というのをやってみたいです。

梶　そのときは、私は共謀する姉の役とかね。

西島　ええ、母じゃなくてですね（笑）。

註

(1)『堀口大學　遠き恋人に関する調査』　堀口大學の恋と詩の軌跡を描く、07年NHKBSハイビジョン放映のドキュメンタリー・ドラマ。西島秀俊が時に大學を演じつつ、その足跡を幻想的に辿る。

(2)『日本の鶯』　80年刊行の関容子による堀口大學最晩年の聞書き記録。副題は「堀口大學聞書き」。81年、日本エッセイスト・クラブ賞受賞作。

(3)『鬼平犯科帳』　89年から放送されたテレビドラマでは、長谷川平蔵の厳しくも人情味のある人物像を二代目中村吉右衛門が好演して人気を博し、16年まで１５０作品が制作された。

(4)『きのう何食べた?』　弁護士と美容師のゲイ・カップルが価値観の違いや葛藤と向き合いながら「食」を通して絆を確かめ合う姿を描く、よしながふみ原作漫画の実写化ドラマ。19年に西島秀俊、内野聖陽主演で金曜深夜枠でドラマ化され人気となり、21年に劇場版が制作された。

(5)『女囚さそり』　篠原とおるの漫画『さそり』を原作として72年から4作が制作された映画シリーズ。恋人に裏切られ、冤罪で収監された梶芽衣子演じる女囚７０１号こと松島ナミが、暴力や陵辱に耐え復讐を遂げる。梶の歌う主題歌「怨み節」もヒットし、のちにリメイク版の映画やVシネマも作られた。

(6)『修羅雪姫』　小池一夫原作、上村一夫作画の原作漫画を、梶の主演で73年に映画化。獄中で生まれた主人公・雪が剣を磨き、復讐の旅を続ける異色時代劇。翌年に続編『修羅雪姫　怨み恋歌』も製作。

(7)内野聖陽　68年、神奈川県生まれ。文学座を経て、舞台、映画、ドラマに幅広く活躍。徹底した役作りと熱演に定評があり、舞台『カストリ・エレジー』、ドラマ『JIN―仁―』などで受賞多数。

(8)『大奥』　ドラマ『大奥〜第一章〜』(04年)では、将軍家光を西島が、大奥御年寄の朝比奈とナレーションを梶がつとめた。西島が歌舞伎役者役を演じた06年の映画版では梶はナレーションで出演。

（9）『おかえりモネ』 21年のNHK連続テレビ小説。気象予報士を目指して上京するヒロインの父を内野が、ヒロインが気象予報士を目指すきっかけとなるベテラン気象予報士を西島が演じた。

（10）山本耕史 76年、東京都生まれ。子役を経て、ミュージカル、舞台、歌手、ドラマや司会と幅広く活躍。『何食べ』では西島秀俊にゲイ・カップルとしての悩みを打ち明ける小日向大策を演じた。

（11）マキノ雅弘 １９０８年、京都府生まれ。マキノ・プロダクション総帥の父・牧野省三のもと映画監督となり、負債を残して省三が死去すると、戦前の日活で阪東妻三郎や片岡千恵蔵らの主演作を量産、戦後も『次郎長三国志』『日本侠客伝』シリーズなど生涯２６１本の映画を製作した。93年没。

（12）『日本残侠伝』 69年公開のマキノ雅弘監督、高橋英樹主演の任侠活劇映画。本作出演にあたりマキノ監督が梶芽衣子と改名するよう勧めたといわれる。

（13）増村保造 １９２４年、山梨県生まれ。ローマ留学を経て、『巨人と玩具』で新感覚の映画監督として注目される。代表作に『黒の試走車』『兵隊やくざ』『陸軍中野学校』『曾根崎心中』など。86年没。

（14）『曾根崎心中』 近松門左衛門作の人形浄瑠璃を78年、増村保造の監督・脚本で映画化。梶芽衣子と宇崎竜童の主演で情念豊かに描く。音楽も宇崎が担当した。

（15）中村吉右衛門 32頁（11）参照。

（16）鶴田浩二 １９２４年、兵庫県生まれ。「青春三羽烏」で人気を得、のちに東映の任侠スターとして大活躍した。代表作に『人生劇場・飛車角』『修羅の群れ』など。歌手としても活躍。87年没。

（17）『空の羊』 97年放映のTBS系ドラマ。原案・向田邦子、監督・久世光彦。女４人家族の前に突如現われた男。一家の長女・田中裕子との間の微妙に変化する距離感を小林薫が演じた。萩原聖人や西島秀俊らが出演。

第8幕

桐竹勘十郎 寺島しのぶ

「古典芸能の未来のために」

桐竹勘十郎 × 寺島しのぶ

きりたけ　かんじゅうろう　１９５３年、文楽人形遣いの二代目桐竹勘十郎（のちに人間国宝）の子として大阪府に生まれる。67年、三代目吉田簑助に入門、吉田簑太郎と名乗り翌年に初舞台。03年、三代目桐竹勘十郎を襲名。21年、重要無形文化財保持者（人間国宝）に認定される。

てらじま　しのぶ　京都府生まれ。父は歌舞伎役者、母は女優という演劇一家に生まれ、大学在学中より舞台などで活躍。00年代以降、映画女優として『赤目四十八瀧心中未遂』で日本アカデミー賞最優秀主演女優賞、『キャタピラー』でベルリン国際映画祭の銀熊賞など受賞多数。

少年のころは頼もしいお姉さん（三林京子）のうしろに、長じてからは文楽人形の陰に身を置かないとどうも、という心優しい勘十郎さん。

一方、しのぶさんの弟さん（尾上菊之助）は、勇敢な姉の行動を見てから自らの行く道を決めてるみたい、とか。

文楽[1]海外公演の『曾根崎心中』で、徳兵衛がお初を突き刺そうとする形で幕にするか、突き刺すまで演じるかの話から、フランスとアメリカの文化に対する感性の違いに発展して行くあたりが面白かった。

あくまでフランス贔屓で、「フランスの女優はポーカーフェイスで、心は煮えたぎっている」と熱く語るしのぶさんに、「その内面がたぎっているポーカーフェイスのしのぶさんを人形にしていつか遣ってみたい」と返す勘十郎さん。

芸が大好きなお二人の話は、尽きることがないようだった。

共通している「強い姉」

関　勘十郎さんはこの度人間国宝になられて、しのぶさんも最近、報知映画賞など、受賞続きでいらっしゃいますが、境遇にとても共通したところがあるのに気づきました。まずは並外れて芸熱心なこと。親からまたお子さんへと、脈々と芸の道を歩んでおられること。その他に、勘十郎さんは女優の三林京子さんの弟さんで、しのぶさんの弟さんが歌舞伎の尾上菊之助さんで。

勘十郎　そうですね。強い姉、というところが共通してます（笑）。文楽は世襲ではないので、僕はそんなに人形遣いになりたいとは思ってなかったですけど、姉は男やったら歌舞伎の舞台に出たい、文楽の人形遣いになりたい、いう人で。

寺島　私もまったく同じです。

勘十郎　一度、ＮＨＫの小林一茶のドラマでご一緒した、と言うてました。

寺島　ああ、そうでしたね。

勘十郎　うちはお兄ちゃんみたいな姉なんで（笑）、僕はずいぶん助けてもらいました。本当に暗い少年で、勉強もできないし、すぐ泣かされる。すると姉がバーッととんで来る。一歳半しか違わないのに。

寺島　うちも、私が危ない橋を渡って、弟はそれを見ていてそうじゃない道を行く、という姉弟関係でした。でも私は危ないことを敢えてやるのが好きでしたので。

勘十郎　なんかよう似てるな。

寺島　常に私の後ろに隠れてるような子でした。

勘十郎　ああ、一緒や（笑）。僕は親でも姉でも誰かが前にいるとものすごい安心する。今も人形の後ろにいるから舞台に立ててるんで、絶対役者さんは無理ですね。

関　役者の経験は皆無ですか？

勘十郎　小学三年生のころ、道頓堀の朝日座で、歌舞伎の若い人の勉強会に姉と一緒に寺子に駆り出されて。『菅原伝授手習鑑《すがわらでんじゅてならいかがみ》』の「寺子屋」ですわ。

僕はあかんたれの割には真面目なんで、失敗したことは忘れません。寺子で元気よく出て行って、あ、草履を履き忘れた、と思って、玄蕃《げんば》が僕の頭を抑えこもうとしているのに、クルッと後ろ向いて草履を履きに……。

寺島　超フェイントですね（笑）。

勘十郎　はぁ、忘れたら履かんでもええねん、とあとで言われて、役者はそれ一回きりですわ。

関　しのぶさんは歌舞伎の子役にはお出になれなかったんですか？

寺島　すごい好きでしたけど、父がまったく声をかけてくれなかったので。悔しくて、でも自分からは言いたくなかった。この悔しい気持ちを分ってくれないかな、って思っていたけど、分ってくれてなかった。ずっとあとで、(松)たか子ちゃんが『文七元結《ぶんしちもっとい》』の(十八代目)勘三郎さんの娘役で出たときに、あれ？　女の子でも出られたんだ、と思ったくらいです。ずっと鬱々としているときに太地喜和子[2]さんに声を掛けられて、文学座に。太地さんが新橋演舞場の『お富与三郎』で父と共演なさってたときに、うちに寄られて。

関　その後、太地さんとの共演はなかったのですか？

寺島　ないです。文学座に入れたお礼がてらに三越劇場の喜和子さんの『唐人お吉ものがたり[3]』を観に行きました。だけどあまりに凄まじい舞台で、お吉さんが憑依《ひょうい》しているような舞台で、怖くて楽屋へ行かなかったんですよ。とても行けなくて。それで私が『琉球の風[4]』という大河ドラマで沖縄に行っているときに、父から電話があって、喜和子さんの事故死を知りました。

方言をとらえる耳のよさ

関　勘十郎さんは、しのぶさんのものはどんなのをご覧になってますか？

勘十郎　えー、最近は『女系家族[5]』。それから『密会レストラン[6]』とか。以前に、だんだん記憶がなくなっていく女の人の……。

寺島　あ、若年性アルツハイマーの。全編福岡で撮影した『たからのとき』[7]ですね。

勘十郎　あれも土地の言葉でしたし、『女系家族』も大阪もののドラマですよね。台詞を聴いてて、全員の中で他の方には申し訳ないけど、寺島さんのはほぼ完璧やったんですよ。

寺島　わぁ、嬉しい。関西の方からそう言っていただけるのは。

勘十郎　耳がよくないとなかなかイントネーションがうまく取れませんのでね。耳ざわりが悪いと気になるもんですけど、寺島さんはよっぽど耳がよい。

寺島　あれは船場《せんば》の話だったので、苦労してる方は結構おられました。

勘十郎　大阪弁も今は乱れてて、テレビで汚い大阪弁が飛び交っていますけども。船場、泉州、河内《かわち》……河内も南北で全部違うんで。

関　お母様の富司純子さんは関西ご出身ですよね。

寺島　はい、今でも京都へ戻ったりするとベタベタの関西弁になって帰ってきます。その影響で関西弁は習慣として私の身についてます。

勘十郎　僕らの人形浄瑠璃は、絶対大阪弁とは切り離せません。亡くなった竹本住大夫[8]さんが毎日のように、大阪弁があかん、訛《なま》ってる、って怒ってはりましたけど。太夫さんも地方の人もいっぱいいいてるんでね。お三味線の人も大阪弁使え、って叱るんです。大阪弁で生活してないと義太夫の三味線は弾かれん、ってよく言ってました。

寺島　訛る、ということは……。

勘十郎　大阪のイントネーションから外れる、いうことですね。「竹本住大夫」というのも大阪弁だとタケモトなんですよ。タケモトやない。タケモトピアノやないんや、と（笑）。

寺島　なるほどー（笑）。

勘十郎　「橋の端を箸を持って走る」。そんなん練習するとき言いますけど。

寺島　はぁ、難しそう。『女系家族』のときも、いとさん、こいさんと言ってても、視聴者にどこまでわかってもらえるのかな、と思ってましたけど。

勘十郎　惣領のお姉ちゃんがいとさんで、末の娘がこいさんですね。父の後援会の会長さんは大阪で商売してはって、そのお宅に子供のころの僕を連れて母が挨拶に行ったときに「まぁ、いとちゃん！」って、母がそこの娘さんに。だから僕、その子の名前が「糸ちゃん」かと思うてました。ああいう言い方は今はほとんどないでしょうね。残してほしいですけど。

演技に古典芸能を取り込む

関　しのぶさんは歌舞伎や文楽の女方の身のこなしなんかを参考になさることありますか？

寺島　ありますあります。特に和物をやるときはいろんなものを観ますけど、私がやってるのは歌舞伎ではないので、自分なりに噛み砕いて参考にさせていただいてます。

関　歌舞伎の方とはずいぶん共演していらっしゃる。勘三郎さん、三津五郎[9]さん、玉三郎[10]さんともなさってますね。

寺島　ええ、勘三郎さんとは『浅草パラダイス[11]』、藤山直美[12]さんや柄本明[13]さんも出ていて。三津五郎さんとは『華岡青洲の妻[14]』。玉三郎さんとは『ふるあめりかに袖はぬらさじ[15]』でご一緒して、私は病気で死んじゃいそうな太夫でした。私が歌舞伎の家に育ったからかもしれないですけど、プレッシャーを感じずに入れますね。普通でいられます。歌舞伎以外の俳優さんとのほうが、頑張らなくちゃ、と力が入ってしまいます。その感覚は不思議ですね。

関　六本木歌舞伎[16]の『座頭市[17]』では海老蔵[18]さん。その前に弟の菊之助さんとは、蜷川幸雄[19]演出の『グリークス[20]』でご一緒でした。

寺島　『座頭市』なんて、私しか女がいなかったですけど、女であることを忘れちゃってました。タカちゃん（海老蔵さんの本名寶世《たかとし》）とかパンツ一丁でその辺を歩いててもなんとも思わない。歌舞伎座の楽屋にいるような気持ちになって快適でした。逆に私が『新・近松心中物語[21]』の梅川で、忠兵衛が阿部寛[22]さんのときは、彼は背が高いし、着物にも慣れてないし、歌舞伎の『封印切』なんて観たことないし、私たちはどこを目指して心中するの？　みたいな（笑）。

現代そして海外での「心中」

関　心中ということを今の若い人たちや海外の観客はどう受け止めるんでしょうか。

勘十郎　『曾根崎心中』[23]は、文楽では昭和三十年くらいに復活したんですが、それで初代の吉田玉男[24]師匠が海外公演に持って行ったときに、それまでは最後に徳兵衛がお初を突き刺そうとして終える形で幕にしてたんですが、海外ではこれでは分かれへんということで、刺してしまおうというので、今ではもう刺し殺す形に変わった。これもどうなんですかね。美意識が国によって違いますから。

寺島　フランスだったら刺す寸前で幕でもあとを想像してください、でよさそうですけど、アメリカは起承転結をはっきりさせないとフラストレーションがたまっちゃう人種ですから。

勘十郎　そうですね。僕が心中もので一番感動したのがうちの師匠、吉田簑助[25]の『曾根崎心中』。お初の足を遣わしていただいたときなんですけど、足遣いというのは主《おも》遣いの腰に腕をつけて、そのサインで足を動かすんです。それでお初が最後に徳兵衛の顎に手を当てて、目を瞑《つむ》って拝む場面なんですけど、そのときに僕はお初の斜め後ろの、お客さんも太夫三味線も誰も見られない場所からお初を見られるんですけど、お初がだんだんと半分透明になってきて、ものすごく悲しくなってきて、それがものすごく綺麗かったんですよ。自然に涙が出てきて……。今、僕がお初遣ってるときに、足遣いがどう思ってるかは知りませんけども（笑）。

寺島　いいお話ですね。常に人形とは一心同体になっていらっしゃるんですか？

勘十郎　あぁ、そうしないとできないでしょうね。簑助師匠は、自分がその役になり切ろうとするのは当たり前や、左遣い、足遣いが同じ気持ちやないと、人形はその役になったことにならないのやで、とおっしゃってます。幕が閉まる。それでぽっと、あ、お前ら二人そこにおってんな、となるくらいでないと。それが究極の左遣い、足遣いですよね。

寺島　生身ではなかなか分からない感覚だけど、その境地には感動します。

関　いつかチラリと伺いましたけど、お二人がご一緒に出られたことがあるとか。

勘十郎　一度だけあるんですよ、実は。僕は女方の人形で手紙を読んで、寺島さんが朗読される。

寺島　あ、『別れの手紙』でした！　恋人の男性から届いた別れを告げる手紙を、私が朗読したんでした。

勘十郎　杉本博司[26]さんの小田原文化財団の会でしたね。美術家で演出家の、「杉本文楽」の杉本さん。

寺島　私は杉本さんと、阿部定事件[27]を一度舞台にかけたいねと話してるんです。猟奇事件が起こったあとの、阿部定の裁判陳述記録を元に劇化して杉本さんが作られた三島の能舞台でやれたら、という野望があって。そしたら杉本夫人の小柳敦子さんが、勘十郎さんも呼んじゃいましょうよ、って。

勘十郎　えーっ、ぜひお願いします。

寺島　裁判で事実を述べてるだけなんだけど、その中でちょっと人形の場面を作ってもいいし。これ、三、四年前から考えてることなんです。

勘十郎　僕も今、準備してるのが美術家の森村泰昌[28]さんとのコラボです。森村さんは、いつか文楽の人形になりたい、と思ってたという人で。

寺島　あら、面白そう。

勘十郎　大阪中之島に美術館ができる。その二月の柿《こけら》落しにやろうと。人形も何体か出るんですが、最後に森村先生自身が人形になって……。

寺島　それを遣うのが勘十郎さん？

勘十郎　ええ、三人遣いで。手はどうしても人形に見えんから作り物にして、足も衣装で隠れるし、結局見せるのは顔だけですね。

寺島　瞬きはどうするんですか？

勘十郎　それなんですよ、目を見たら絶対、人間ですからね。目は閉じてもらって、瞼にこう、絵を描いて（笑）。人間浄瑠璃です。

寺島　うまくいったら、今度は私にやってください（笑）。人形にしかできないすごく美しい形を、そのことで学べたら、と思います。

フランス人の夫から見た伝統文化

関　先ほど、フランス人の美意識と感性についてお話が出ましたけど、しのぶさんはフランスの方（ローラン・グナシア氏）と結婚なさって、影響を受けたことは？　私、何年か前、下北沢の小劇場でしのぶさんが主演なさったとき、梨園の奥様みたいにご主人がお客様に挨拶しておられて、感激しました。

寺島　ほんとですか（笑）。主人と出会ってから、杉本博司さんや他の方との交流も広がっていきましたし。とにかく彼は日本の伝統文化が好きですね。父にもよく質問してます。だいたい父の舞台を観て、今さら、「あなたは素晴らしい、感動した!!」なんて言う人はいませんからね（笑）。父はなんか嬉しいみたいで、私よりローランのほうが父とよく話していますよ。

勘十郎　それはいいですねぇ。

寺島　父は、勘十郎さんもそうですけど、偉くなっても新しいことが好きなんですよ。テレビで時事ネタを見て、国立劇場のお正月の芝居に取り入れるとか。常に現役で、時代の流れに添おうとしているのがすごいな、と思います。

勘十郎　お客さんが観てて楽しい、というのが一番ですね。古典はちゃんとやる、新作で暴れるところは暴れる、そうじゃないとね。

寺島　それと、やっぱり子供ですよね。子供に伝統文化の素晴らしさ、楽しさを教えるのが大事。歌舞伎座に息子の眞秀《まほろ》が出る芝居にお友達を呼んだりしますよね。『魚屋宗五郎』(29)（『新皿屋舗月雨暈《しんさらやしきつきのあまがさ》』）が初お目見えでしたけど、父の宗五郎のところにお酒を届けにくる酒屋の丁稚の役でした。すると父の、酒飲んでベロベロになる芝居をみんなが面白がって、「眞秀のおじいちゃん、面白いねぇ」って、そのあと保育園で宗五郎ごっこをしたんだそうです（笑）。

勘十郎　純粋に面白がってるんですね。

寺島　歌舞伎って、文楽もそうですけど、生首が飛んだり、切腹したり、残酷なところが子供に受けるんですね。勘十郎さんのEテレの『にほんごであそぼ』なんて、眞秀はとても好きでよく見てますよ。

勘十郎　このごろ道を歩いていても、信号待ちで小さい子供さんに声をかけられたりするんですよ。「テレビ見てます」なんて（笑）。そんなとき、寒い日や暑い日のロケにも頑張ってよかったなぁ、と思います。蚊に刺されたりするんですが、動けずにじっと我慢したりして。

寺島　いろんな動物が出てきますよね。

勘十郎　『カチカチ山』の兎の人形なんか、僕が作りました。

寺島　すごーい。眞秀に早く生の文楽を観せたいと思っています。

勘十郎　ぜひ、お待ちしています。今、おいくつですか？

寺島　九歳です。

関　やっぱり将来は歌舞伎役者に？

寺島　そんなに簡単なものではないですよね。歌舞伎では父から息子に伝えるというのが大きいですが、うちはそれがないですし、私自身も歌舞伎に関わってはいても歌舞伎役者ではないので。ただ今はそういう境遇の役者さんもいっぱいいらっしゃるし、最終的には本人がどこまで好きか、上手くなりたいか、にかかっているかなと思います。

生涯、追いかける目標

関　では、お二人にこれから目標とするところをお聞きしたいと思います。勘十郎さんはやっぱり引退なさった吉田簑助師匠ですか？

勘十郎　師匠には本当にもう感謝しかありません。「いい見本はここにあるよ、できるんなら教えるけれどもできないやろ」と（笑）。優しいのか厳しいのかわからない。目標とは思ってますけど、まぁ、無理でしょう。足遣いが足を遣いながら泣くような、そんな人形が遣えるかどうかなんですけど。目標にするには師匠はあんまり高すぎるんです。数年前に大病をして倒れられたんですけど、それでもまた違う形で上へ行ってしまいますからね。これは生涯勝てんぞ、という気がしてます。どこが違うのか、人形いうのは、その日によって言うこと聞いてくれない日があって、怖いですよ。

寺島　人形が、ですか。

勘十郎　自分の生活とか体調も含めて全部人形に出る。あれ？　と思うくらい動いてくれないこともあって、もちろん全部自分が悪いんですけども。だから人形に衣装をつけるのも全部自分でやります。公演前に拵《こしら》えも全部自分でやって、人形に愛情を注ぐんです。

寺島　そこまでなさるんですか。

勘十郎　師匠の引退は二〇二一年四月でしたが、『国性爺《こくせんや》合戦《かっせん》』(30)の錦祥女《きんしょうじょ》を遣われると一月に知って。衣装が重たい上に、中国のお妃さんなので、頭にキラキラした瓔珞《ようらく》いう冠がついてるんです。これが小さいとは言え、楼門から下を覗く芝居が多いんで、ちょっと傾けるとものすごく人形遣いの腕に負担がかかるんです。師匠ももう八十七歳でしたんで、何とか軽くできないかと思って。二百いくつかある部品を、プラスチックと薄いアルミ缶を分解したので全部組み立てて作ったんです。元の真鍮《しんちゅう》製のは二百五十グラムだったのが九十三グラムになって。

寺島　わぁ、半分以下に。簑助師匠は喜ばれたでしょう。

勘十郎　はぁ、師匠には内緒だったんですが、誰かが言うたらしくて、三日目くらいに挨拶に行ったとき、部屋に置いてある錦祥女の瓔珞をこう、指さして、ニコッと笑ってくれはって。

寺島　素晴らしいご恩返しでしたね。

関　しのぶさんの目標となさる俳優さんて、どなたでしょうか。

寺島　特にこの方、というのはないですけど……シャーロット・ランプリング[31]なんかかっこいいですね。

関　『愛の嵐[32]』で、ナチス帽に上半身裸、サスペンダーでズボンを吊って、歌い踊った。

寺島　ええ、他にも好きな女優さんてフランス映画に多いんですけど。フランス人は顔に出さなくて心が煮えたぎってるんですね。ポーカーフェイスの女優さんが多い。そこへ行くとアメリカの俳優は顔とか全身で表現するんです。フランス人と日本人は、表現の仕方がちょっと似てるなと思いますね。

勘十郎　その、内面がたぎっているポーカーフェイスのしのぶさん人形を、いつか遣ってみたいものですね。

寺島　はい、その時はよろしくお願いいたします。

註

（1）文楽　江戸時代に大坂で生まれた人形芝居。太夫と三味線が浄瑠璃を義太夫節という音曲で語り、主遣い、左遣い、足遣いの3人で人形を遣う音楽劇。１６８４年の竹本義太夫を創始とし、江戸中期に『菅原伝授手習鑑』『義経千本桜』『仮名手本忠臣蔵』などの名作を生んだ。明治期に植村文楽軒が文楽座を名乗り、文楽がこの人形浄瑠璃を指す正式名称になった。

（2）太地喜和子　43年、東京都生まれ。68年、新藤兼人監督の映画『藪の中の黒猫』に出演、肉感的な演技をみせた。文学座の舞台を中心に、テレビドラマ『白い巨塔』などでも存在感をみせた。92年、『唐人お吉ものがたり』舞台公演中の静岡県で車が海に転落する事故に遭い48歳で急逝。

（3）『唐人お吉ものがたり』　アメリカ総領事ハリスの侍妾となった斎藤きちが、差別されて川に身を投げたという小説『唐人お吉』を山本有三が脚本化した演目。92年の文学座公演で太地喜和子が主演。

（4）『琉球の風』　93年のＮＨＫ大河ドラマ『琉球の風　ＤＲＡＧＯＮ　ＳＰＩＲＩＴ』で寺島しのぶは琉球・尚永王の長女（のち尚寧王妃）を演じたが、劇中の父母、尚永王と王妃で実の父母が共演した。

（5）『女系家族』　山崎豊子の同名小説を21年テレビ朝日が2夜連続ドラマとして放送。寺島しのぶと宮沢りえのダブル主演が話題を呼んだ。代々婿養子をとってきた大阪・船場の老舗木綿問屋の社長が死去し、本家三姉妹と愛人との間で繰り広げられる莫大な遺産をめぐる壮絶な争いを描く。

（6）『密会レストラン』　寺島しのぶとＫｉｎｇ＆Ｐｒｉｎｃｅの岸優太がメインＭＣをつとめる大人の恋愛トークバラエティ。

（7）『たからのとき』　17年にＮＨＫ福岡放送局が制作したドラマ。福岡県東峰村を舞台に村の小さなケーブルテレビ局でディレクターとして奮闘する主婦・たから（寺島しのぶ）とその家族を描く。

（8）竹本住大夫　七代目。義太夫節の太夫。１９２４年、大阪府生まれ。六代目の養子となり、60年に九代目竹本文字太夫を、85年、七代目竹本住大夫襲名。89年、人間国宝。18年没。

（9）三津五郎　十代目坂東三津五郎。56年、東京都生まれ。62年に五代目坂東八十助を襲名。『六歌仙容彩』の喜撰法師を当たり役として、その他の舞台やドラマでも活躍。01年、十代目坂東三津五郎襲名。15年、59歳で没。

（10）玉三郎　１４２頁（9）参照。

（11）『浅草パラダイス』　88頁（15）参照。

（12）藤山直美　89頁（17）参照。

（13）柄本明　62頁プロフィール参照。

（14）『華岡青洲の妻』　有吉佐和子の同名小説の舞台化作品。96年東京宝塚劇場で五代目坂東八十助（当時）、山田五十鈴、古手川祐子らで公演。寺島しのぶは本舞台の演技で文化庁芸術祭賞新人賞を受賞。

（15）『ふるあめりかに袖はぬらさじ』　有吉佐和子の短編『亀遊の死』を有吉みずから戯曲化した作品。96年、銀座セゾン劇場で坂東玉三郎と寺島しのぶ、四代目市川左團次らの出演で上演された。

（16）六本木歌舞伎　市川海老蔵（当時）により演出に三池崇史を迎えて15年にEXシアター六本木で旗揚げされた公演ユニット。17年の第2弾『座頭市』では寺島しのぶが海老蔵と22年ぶりに共演。

（17）『座頭市』　六本木歌舞伎の第2弾として17年、リリー・フランキー脚本、三池崇史演出、市川海老蔵（当時）主演で舞台化された。勝新太郎主演で大人気を博したアクション時代劇のリメイク。

（18）海老蔵　十一代目市川海老蔵。77年、東京都生まれ。十代目海老蔵（当時）の長男に生まれ、85年七代目市川新之助を、04年十一代目市川海老蔵を、22年十三代目市川團十郎白猿を襲名。歌舞伎界の若手スター。

(19) 蜷川幸雄　１４２頁（１）参照。

(20)『グリークス』10本のギリシャ悲劇が1本に再構成された大作で、00年に蜷川幸雄演出、平幹二朗、白石加代子ら主演で上演され、読売演劇大賞・紀伊国屋演劇賞などを受賞した。

(21)『新・近松心中物語』79年初演で95年以降は寺島しのぶも出演機会の多かった蜷川幸雄演出の『近松心中物語』を、04年に蜷川みずから演出し直し、阿部寛、寺島主演で日生劇場ほかで上演した。

(22) 阿部寛　64年、神奈川県生まれ。ファッションモデルを経て俳優となり、つかこうへいの舞台などで二枚目俳優からの脱皮を図り、ドラマ『ＴＲＩＣＫ』、映画『テルマエロマエ』で再ブレイクした。

(23)『曾根崎心中』１７０３年に竹本座で初演された近松門左衛門作の人形浄瑠璃で、のちに歌舞伎にもなった演目。相愛の若い男女の心中の物語。

(24) 吉田玉男　初代。１９１９年、大阪府生まれ。33年、吉田玉次郎に入門し、吉田玉男と名乗った。『曾根崎心中』の徳兵衛は生涯に１１３６回演ずる当たり役となり、二代目桐竹勘十郎とともに立役（男役）の中心的存在として文楽の屋台骨を支えた。77年人間国宝。06年没。

(25) 吉田簑助　三代目。１９３３年、二代目桐竹紋太郎の子として大阪府に生まれる。三代目吉田文五郎に入門し、桐竹紋二郎と名乗り、61年三代目吉田簑助を襲名。文楽を代表する立女形。94年人間国宝。

(26) 杉本博司　48年、東京都生まれ。70年に渡米、アートセンター・カレッジ・オブ・デザインで写真を学ぶ。「ジオラマ」シリーズなど精緻な銀塩写真作品が世界有数の美術館に収蔵される。伝統芸能に対する造詣も深く、演出などを手がけた『杉本文楽　曾根崎心中』公演は国内外で高い評価を受けた。

(27) 阿部定事件　阿部定が情夫を扼殺、陰部を切断所持したまま逃走・逮捕された昭和初期の猟奇殺人事件。

（28）森村泰昌　51年、大阪府生まれ。自画像的作品をテーマとする現代芸術家。

（29）『魚屋宗五郎』（『新皿屋舗月雨暈』）　河竹默阿弥作の歌舞伎狂言。磯部主計之介の愛妾お蔦が悪人一味の陰謀で殿に責め殺されたと聞き、兄の魚屋宗五郎が禁酒の誓いを破って磯部の屋敷へ暴れ込む。

（30）『国性爺合戦』　近松門左衛門作の鄭成功の史実をもとにした人形浄瑠璃。日本人を母とする和藤内が中国に渡り、国性爺鄭成功と名乗って明国再興のために奮戦する物語。

（31）シャーロット・ランプリング　46年、英エセックス生まれ。73年、カヴァーニ監督の『愛の嵐』で一躍スターとなり、『さらば愛しき女よ』『評決』『まぼろし』『レミング』などに出演。70歳間近の15年にも『さざなみ』でベルリン国際映画祭銀熊賞を受賞した。

（32）『愛の嵐』　73年製作のイタリア映画。監督リリアーナ・カヴァーニ、出演ダーク・ボガード、シャーロット・ランプリングほか。かつてナチス親衛隊だったマックスと強制収容所で彼に弄ばれていたユダヤ人少女ルチアが戦後のウィーンのホテルで出会い、再び倒錯した愛とエロスを見せる。

あとがき

人が人と出会うと、しかも同じような道を歩き、めざすところも似通う二人が出会ったとき、思いがけない発展があって、それが素敵な発見であったりする。

この名優対談がまさにそうで、この八組の組合わせは実に絶妙であった、と思われます。ただ、仲代達矢さんはお相手が映画女優の岩下志麻さんだったので、当然のことに映画の話が主になり、またお相手が舞台俳優であったら別のお話になったことでしょう。でも映画の話、よかったです。

松本白鸚さんもお相手の鳳蘭さんに合わせた滅多に聞けないミュージカルの話題になり、それはそれで貴重だったと思います。

柄本明さんと白石加代子さん。意外なことに、こうしてじっくり話し合ったことは初めてだったらしくて、共通するのは、江戸っ子気質。アングラ演劇史上に残る名対談になったのではないでしょうか。

小日向文世さんと渡辺えりさん。笑わせながら深いことを語るという、まさにお二人の舞台さながらの面白さで、私も笑って聞きながら心で深くうなずいておりました。

野村萬斎さんと麻実れいさん。私が追っかけをしたくてそれが叶わなかったギリシャ古代劇場でのギリシャ悲劇上演。主演のお二人からじかに当時のお話が聞ける幸せをつくづく感じた対談でした。

そして小林薫さんと吉行和子さん。和子さんが希望したお相手との会話だけあって、さすがに大人の色気が品よく漂っています。和子さんが上手に甘え、薫さんが男としてちゃんとそれを受け止めていて、聞いていてほんのり熱くなりました。和子さん、よかったですね。

西島秀俊さんと梶芽衣子さん。このお二人とは初対面だったので、唯一私の企画した顔合わせではありませんでした。短時間の対談でしたが、それでも中身の濃いものになっていて、とても好感が持てました。またお会いする折があればと願っています。

大詰めは桐竹勘十郎さんと寺島しのぶさん。

芸ごとが何より好きで、その情熱を熱く語るお二人の爽やかさが全篇に漂う素敵な対談になりました。ここで語り合ったことが今後のお二人の舞台に何かしら結実することがあれば、こんな嬉しいことはありません。

このことはここに登場してくださった総ての方々の今後に共通して申し上げることになると思われます。

ご多忙の中、時間をさいて対談をお引き受け下さった十六人のゲストの皆様に厚くお礼を申し上げます。本音でお語りいただき、ありがとうございました。

掲載誌『オール讀物』の歴代編集長、山田憲和さん、武田昇さん、川田未穂さんにも大変お世話になりました。また、新書編集部の前島篤志さん、大石正輝さんに厚くお礼を申し上げます。

二〇二二年初冬

関　容子

初出一覧

対談部分はいずれも月刊『オール讀物』掲載の「名優　男×女」より転載。各対談の初出掲載号は次のとおり。

第1幕　仲代達矢×岩下志麻：『オール讀物』二〇一七年三月号
第2幕　鳳　蘭×松本白鸚：『オール讀物』二〇一七年七月号
第3幕　柄本　明×白石加代子：『オール讀物』二〇一七年八月号
第4幕　小日向文世×渡辺えり：『オール讀物』二〇一七年一〇月号
第5幕　野村萬斎×麻実れい：『オール讀物』二〇一七年一二月号
第6幕　吉行和子×小林　薫：『オール讀物』二〇一八年四月号
第7幕　梶　芽衣子×西島秀俊：『オール讀物』二〇二一年一一月号
第8幕　桐竹勘十郎×寺島しのぶ：『オール讀物』二〇二二年二月号

関　容子（せき ようこ）

東京都生まれ。日本女子大学国文科卒業。エッセイスト。1981年『日本の鶯――堀口大學聞書き』で日本エッセイスト・クラブ賞、角川短歌愛読者賞受賞。96年『花の脇役』で講談社エッセイ賞、2000年『芸づくし忠臣蔵』で読売文学賞と芸術選奨文部大臣賞を受けた。著書に『新しい勘三郎――楽屋の顔』（下村誠・写真／文藝春秋）、『勘三郎伝説』『海老蔵そして團十郎』（ともに文春文庫）、『舞台の神に愛される男たち』『客席から見染めたひと』（ともに講談社）、『銀座で逢ったひと』（中央公論新社）など。『婦人公論』で「名優たちの転機」を連載中。

文春新書

1388

名優《めいゆう》が語《かた》る　演技《えんぎ》と人生《じんせい》

2023年1月20日　第1刷発行

著　者　関　容子
発行者　大松芳男
発行所　株式会社　文藝春秋

〒102-8008　東京都千代田区紀尾井町3-23
電話（03）3265-1211（代表）

印刷所　大日本印刷
製本所　大口製本

定価はカバーに表示してあります。
万一、落丁・乱丁の場合は小社製作部宛お送り下さい。
送料小社負担でお取替え致します。

ISBN978-4-16-661388-5